はじめに

　英語を効率よく学ぶには英語という言語の特徴を理解することが重要です。では、その特徴とはどのようなものでしょうか。じつは英語には「語句の順序が変わると、意味も変わる」という言語的特徴があります。

　日本語では語句の順序を変えてもある程度意味は通じますが、英語では正しい順序で語句を並べないと意味は伝わりません。

　たとえば、Ken ate the apple. (**ケンが**そのリンゴを食べた。) と言うべきところを、Ken と the apple の順序を誤って The apple ate Ken. としてしまうと、「**そのリンゴが**ケンを食べた。」(あれっ?!) という意味になってしまいます。

　本書では、この大切な英語の語句の順序を「意味の順序」(意味順) として捉え、英語の構造を視覚的に示しました。これにより「英語のしくみが見てわかる!」、「意味から直接英語をつくることができる!」──そうした工夫があらゆる所になされています。

　本書を手にとってくださったみなさんが、本書をとおして、中学校から高校、大学へと将来の英語学習につながる重要な知識と技能を身につけ、英語でのコミュニケーションを楽しまれることを願っています。

監修 田地野 彰

**「意味順」で楽しく英語のルールを学び、
"伝わる英語"を育てましょう。**

中学校3年間で学習する英語のルール（英文法）はたくさんあります。
もちろんどのルールも大事です。しかし、英語での実際のコミュニケーションを考えるとき、できないと困るルールとできたら素敵なルールがあります。できないと困るルールを知っていなければ、自分の伝えたいことを正しく伝えることができません。"伝わる英語"にはならないのです。

伝わる英語を木にたとえてみましょう。
できないと困るルールが「幹」で、できたら素敵なルールが「枝」ということになります。立派な木に育つためには、まずはしっかりとした「幹」をつくることが大切です。
この本では、英語の「幹」として"言葉の順番〈意味順〉"と、より気持ちよいコミュニケーションのための「枝」として名詞のカタマリを同時に学習していきます。

英語と日本語では言葉の順番が違います。また、英語では言葉の順番自体に役割があります。その順番をまちがえると自分の伝えたいことが全く伝わりません。そのため、伝わる英語が使えるようになるためには、英語独特の言葉の順番を理解することが必要です。この本では、英語の言葉の順番を意味順と呼んでいます。

名詞のカタマリとは、人や物などの伝え方です。たとえば、「車」を「小さな車」、「友だち」を「昨日駅で会った友だち」のように詳しく表すことができれば、自分の考えをていねいに伝えられ、相手の言うことや書かれた文章を深く理解することもできて、コミュニケーションが豊かになります。

細かい例外は後回し。まずはちゃんと伝えるための「幹」と、楽しく伝えるための「枝」をこの本で育てていきましょう。

奥住 桂

スモールステップを踏みながら、生きた英文で英語学習をしましょう。

この本は英語を勉強する本なので、みなさんはたくさんの英文を読んだり書いたりします。

そのほとんどが短くシンプルなものですが、どれも"生きた英文"であることを心がけました。生きた英文とは、中学生のみなさんが日常生活で実際に使いそうな表現のことです。朝起きてから寝るまでの間に言うかもしれない表現や、英文を聞くと頭の中にその場面が浮かぶような表現です。もしかしたら、実際に使う場面があるかもしれません。この本に掲載されている英文を覚えると、英語の表現が豊かになります。

また、解説と練習問題は見開きでセットです。練習問題は、解説を確認しながら3つのスモールステップで基本から英文の完成までていねいに進めます。文法学習の合間にはミニテストやリスニング・英作文活動にチャレンジするページもあります。学習したことが理解できているか確認したり、自分で英語を使ってみたりすることもできます。

生きた英文に親しみ、繰り返し学習できるように作った本です。ひとつひとつ確認しながら、自分のペースで学習を進めてください。この本を通じて、伝わる英語の「幹」と「枝」の大本である中学英語を楽しんでいただくことを願っています。

加藤 洋昭

この本はどういう本？

「意味順」で英語の語順に親しみ、「名詞のカタマリ」で表現力アップ
ミニテストや活動で "伝わる英語" を楽しく学習します

　この本は中学校で学ぶ文法事項に沿って、日本語とは異なる英語の語順を「意味順」で、人や物事を詳しく説明する伝え方を「名詞のカタマリ」で学習します。意味順セクションで学習したことは、6回の「確認テスト」で理解を試しましょう。「高校入試へ Step-up」でリスニング問題・英作文問題・読解問題にも取り組みます。

楽しく学ぶ5つのセクション

基本（キホン〜 05）
「意味順」と「名詞のカタマリ」を確認します。

意味順（01 〜 39）
中学校で学習する文法項目を意味順でわかりやすく解説し、練習問題に取り組みます。

名詞のカタマリ（① 〜 ⑤）
人や物事を表す語句のまとまりについて理解を深めます

確認テスト（① 〜 ⑥）
意味順セクションで学習した内容をまとめたテストです。

高校入試へ Step-up
意味順を応用して、リスニング問題（2回）・英作文問題（2回）に取り組みます。長文読解問題（6回）にも挑戦しましょう。

【ドリル1】と【ドリル2】の2冊があります

　【ドリル1】は「単語を並べてみよう」というテーマで、英語の語順理解が中心です。意味順セクションでは「仕上げ」というページを設け、文法事項を語句並べかえ問題で復習します。

　【ドリル2】は「表現を使ってみよう」というテーマで、高校入試を意識した応用問題や、ミニテストを掲載しています。

【ドリル1】の主な内容

〈意味順〉
現在の文
疑問詞疑問文
過去の文
現在進行形
過去進行形　他「仕上げ」
〈名詞のカタマリ〉
冠詞・複数形
代名詞
前置詞句の後置修飾　など

【ドリル2】の主な内容

〈意味順〉
助動詞の文
動名詞・不定詞
比較表現
受け身
接続詞
間接疑問文
現在完了形・現在完了進行形
関係代名詞
仮定法過去　など

〈名詞のカタマリ〉
動名詞・不定詞
疑問詞＋不定詞
接続詞 that・間接疑問
不定詞・分詞の後置修飾
関係代名詞の後置修飾
〈高校入試準備〉
・読解問題×6
・リスニング問題×2
・英作文問題×2
・高校入試ミニテスト×1

どうやって勉強する？

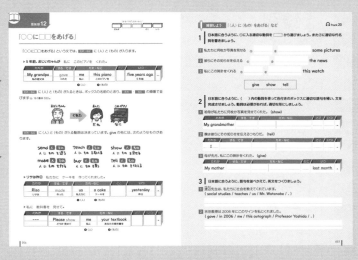

 生きた英文を意味順ボックスで視覚的に理解し、
スモールステップを踏んで "伝える英語" を実感しましょう

　左ページは解説です。意味順ボックスを使って英語のしくみをわかりやすく説明しています。

　右ページは練習問題です。「語句問題 → 意味順ボックス問題 → 語句並べかえ問題」の３つのステップを基本に構成しています。

　解説も練習問題も日常で使いそうな "生きた英文" を紹介しています。自分が英語を使う場面を思い浮かべながら楽しく学習しましょう。

意味順ボックス▶
語順とポイントが
ひと目でわかる！

語句・表現▶
解説で紹介した表現
は練習問題で確認。

◀1 語句問題
解説ページや辞書で
基本を確認。

◀2 意味順ボックス問題
1で確認した基本を
使って文法ポイント
を練習。

◀3 語句並べかえ問題
1・2を応用した語句
並べかえ問題で英文
が完成！

 リスニング CD で音声を確認し、音読練習をしましょう

　付属のリスニング CD には、🎧Track のマークがついているページの音声が収録されています。リスニング問題を聞くだけではなく、次のような活用方法があります。ぜひ挑戦してみましょう。

・発音やイントネーションをまねて音読練習をする。

・日本語を聞いて、その英語を自分で言ってみる。

・英語を聞いて、書き取り練習をする。

※ CD の音声のあとに続けて読む練習をするときは、
　CD プレーヤーの一時停止機能をお使いください。

👆 ダウンロード版『解答用〈意味順〉シート』『〈意味順〉確認音声』

　練習問題用の『解答用〈意味順〉シート』と、『〈意味順〉確認音声』を準備しました。以下の URLからダウンロードして使うことができます。

https://tofl.jp/books/2656/

それぞれの詳しい使い方は 156 〜 157 ページをご確認ください。

もくじ

「意味順」って何？

「意味順」とは、この本で英語を学習するみなさんに覚えてもらうルールです。

英語では、「言葉の並び順〈語順〉」がとても大切です。

例えば、Ken kicked the ball. （ケンはボールを蹴った。）という文の日本語と英語の語順を比べてみましょう。日本語ではふつう、動作を表す言葉「蹴った」は文の最後です。一方英語では、「蹴った」にあたる kicked は主語の Ken の次です。

日本語　　ケンが　ボールを　蹴った
英語　　　Ken　　kicked　the ball.

また、日本語では、「ボールを蹴ったよ、ケンが」「ケンが蹴ったよ、ボールを」と、言葉の順番を変えても意味は同じです。しかし、英語は語順によって言葉の役割が決まっているので、順番をまちがえると意味が変わってしまいます。

英語の語順を入れかえると…
The ball kicked Ken.

■「ボールがケンを蹴った」！？

そこで、この本では「意味順ボックス」を使って、英語を学習していきます。

★これが「意味順ボックス」★

| だれが | する/です | だれ・なに | どこ | いつ |

この順番に並んでいる箱（ボックス）に、単語や、いくつかの単語を組み合わせたまとまりを入れていくと、意味の通じる文になります。この意味のまとまりの順番が「意味順」です。英語の意味順を覚えれば、英語がわかり、使えるようになります。

語順が違うと、発音が上手でも、英単語をたくさん覚えていても全く通じません。逆にいうと、つづりや発音の細かいところでまちがいがあっても、語順が合っていれば、言いたいことはおおよそ伝わります。

「意味順」は英語の基本の基本と言えるでしょう。

次の英文を意味順ボックスに書き込み、日本語のまとまりを英語の意味順に並べかえましょう。

例 I have two dogs.（私は イヌを2匹 飼っています。）

だれが	する／です	だれ・なに	どこ	いつ	
I	have	two dogs			.
私は	飼っています	イヌを2匹			

1 I practice tennis every day.（私は 毎日 テニスを 練習します。）

だれが	する／です	だれ・なに	どこ	いつ	
					.

2 I get up at six.（私は 6時に 起きます。）

だれが	する／です	だれ・なに	どこ	いつ	
					.

3 Ken watched a movie in Odaiba yesterday.

（ケンは 昨日 お台場で 映画を 見ました。）

だれが	する／です	だれ・なに	どこ	いつ	
					.

4 Mr. Okuzumi doesn't drink coffee.（奥住先生は コーヒーを 飲みません。）

だれが	する／です	だれ・なに	どこ	いつ	
					.

「だれが」ボックスに入るもの〈主語〉

意味順ボックスの先頭は、 だれが です。 だれが には、文の主役である主語が入ります。

▶ ケンは**毎日、サッカーをする。**

だれが	する/です	だれ・なに	どこ	いつ	
Ken ケンは	plays する	soccer サッカーを		every day 毎日	.

この文の主語は Ken（ケン）です。主語が誰か明らかなとき、日本語では「毎日サッカーするよ」のように主語を省略することがありますが、英語では必ず主語が必要です。

主語になるのは、人名だけではありません。動物やモノ、出来事なども、主語として だれが に入ります。

▶ うちのイヌは**散歩が好き。**

だれが	する/です	だれ・なに	どこ	いつ	
My dogs 私のイヌたちは	like 好きだ	walking 散歩することが			.

他に、**I**（私は）、**you**（あなたは）、**he**（彼は）、**she**（彼女は）、**we**（私たちは）、**this**（これは）などの代名詞も主語になります。

また、**the tall man**（その背の高い男の人）のように、複数の単語でできた「名詞のカタマリ」も主語になります。(p. 20「基本 05」)

● 「だれが」ボックスに入るもの

人

my brother
(私の兄)

Takeshi
(タケシ)

Japanese people
(日本人)

that tall boy
(その背の高い少年)

物事

the car
(その車)

the new cap
(その新しい帽子)

two dogs
(二匹の犬)

the store near the station
(駅の近くのそのお店)

✏️ **意味順を確認しよう**

 Track 02

1 | 次の日本語を英語で表現するときの主語を補いましょう。

例 おなかがすいたなあ。

だれが	する／です	だれ・なに	どこ	いつ	
I	am	hungry			.

1 疲れたなあ。

だれが	する／です	だれ・なに	どこ	いつ	
	am	tired			.

2 今日は宿題がたくさんあるなあ。

だれが	する／です	だれ・なに	どこ	いつ	
	have	a lot of homework		today	.

2 | 日本語の意味に合うように、主語と だれ・なに に入る語句を（　）内から選び、意味順ボックスに書きましょう。

1 僕の名前はジュンです。（ Jun , my name ）

だれが	する／です	だれ・なに	どこ	いつ	
	is				.

2 姉が1人います。（ a sister , I ）

だれが	する／です	だれ・なに	どこ	いつ	
	have				.

3 彼女は看護師をしています。（ a nurse , she ）

だれが	する／です	だれ・なに	どこ	いつ	
	is				.

「する／です」ボックスに入るもの〈動詞〉

する／です には動詞が入ります。動詞は、大きく分けて be 動詞と一般動詞の2種類です。

be 動詞（〜です）は「主語が具体的に何か／どんな特徴があるか／どんな状態か」を説明します。 だれが と だれ・なに をイコールで結ぶイメージです。

一般動詞（〜する）は主語の動作などを説明します。

be 動詞の文 ▶ 僕、サッカー選手だよ。

だれが	する／です	だれ・なに	どこ	いつ	
I 私は	am です	a soccer player サッカー選手			．

一般動詞の文 ▶ 僕はサッカーするよ。

だれが	する／です	だれ・なに	どこ	いつ	
I 私は	play する	soccer サッカーを			．

動詞には、その状態や動作がいつのことなのかを伝える役割もあります。過去のことを表すときは、動詞を過去形にします。

be 動詞の過去形 ▶ 5年前はサッカー選手だった。

だれが	する／です	だれ・なに	どこ	いつ	
I 私は	was でした	a soccer player サッカー選手		five years ago 5年前は	．

一般動詞の過去形 ▶ 昨日、サッカーしたよ。

だれが	する／です	だれ・なに	どこ	いつ	
I 私は	played した	soccer サッカーを		yesterday 昨日	．

また、 する／です には、動詞1つだけでなく、〈be 動詞 ＋ 〜ing 形〉という形も入ります。このとき、過去のことを表すには be 動詞を過去形にします。

Ken is playing soccer now. （ケンは今、サッカーをしています。）

Ken was playing soccer at that time. （ケンはあの時、サッカーをしていました。）

1 | 次の英文の主語を ⬭ で、動詞を ⬭ で囲みましょう。

例 │ Ⅰ like this singer. （私はこの歌手が好きだ。）

1 I am happy today. （私は今日うれしいです。）

2 They were members of school band. （彼らは吹奏楽部の部員でした。）

3 Utada Hikaru sings very well. （宇多田ヒカルさんは歌がとても上手です。）

4 Jun wants a new smartphone. （ジュンは新しいスマホを欲しがっている。）

2 | する／です に入る適切な動詞を ▭ から選びましょう。

例 │ 私は学級委員です。

だれが	する／です	だれ・なに	どこ	いつ
I	am	a class representative		

1 僕はよい英和辞典を持っています。

だれが	する／です	だれ・なに	どこ	いつ
I		a good English-Japanese dictionary		

2 私たちは宇野先生のことが好きです。

だれが	する／です	だれ・なに	どこ	いつ
We		Mr. Uno		

3 ジュンは中学生です。

だれが	する／です	だれ・なに	どこ	いつ
Jun		a junior high school student		

~~am~~　have　is　like

「だれ・なに」ボックスに入るもの

だれ・なに には、する/です の中身を具体的に説明する言葉が入ります。例えば、「○○に会う」「○○を食べる」の○○にあたる言葉です。

▶ 毎週金曜日にブラウン先生に会うんだ。／お父さんは朝ごはんにパンを食べるんだ。

だれが	する／です	だれ・なに	どこ	いつ	
I 私は	see 会う	Mr. Brown ブラウン先生に		on Fridays 毎週金曜日に	
My father 私の父は	eats 食べる	bread パンを		for breakfast 朝食に	

だれ・なに に入るのは、〈人〉や〈もの〉だけではありません。主語の特徴や状態を表す形容詞（例：kind 親切な）や、動作の様子を表す副詞（例：fast 速く）も入ります。「だれ・なに」という名前ですが「どんな（どのように）」という一面もあります。

■「だれ・なに」ボックスのもう1つの側面

▶ ジュンって親切だよ。／ジュンは速く走るよ。

だれが	する／です	だれ・なに	どこ	いつ	
Jun ジュンは	is です	kind 親切な			
Jun ジュンは	runs 走る	fast 速く			

↑「どんな」「どのように」を表す言葉も入る！

また、動詞によっては、〈人〉と〈もの〉の両方が入ることもあります。そのときは、ボックス名のとおり だれ ・ なに の順に並べます。(p. 56 「意味順12」)

▶ おじいちゃんが、私にこのピアノをくれたの。

だれが	する／です	だれ・なに		どこ	いつ	
My grandpa 私の祖父が	gave くれた	me 私に	this piano このピアノを			

意味順を確認しよう

1 次の英文をそれぞれの意味順ボックスに書きましょう。

例 I need a new bicycle next year. （私は来年、新しい自転車が必要だ。）

だれが	する／です	だれ・なに	どこ	いつ	
I	need	a new bicycle		next year	.

1 Mr. Fujita is very tall. （藤田先生は、とても背が高いんだ。）

だれが	する／です	だれ・なに	どこ	いつ	

2 Fujii Sota is a good *shogi* player. （藤井聡太さんはすぐれた棋士です。）

だれが	する／です	だれ・なに	どこ	いつ	

3 My grandmother works very hard. （私の祖母はとても働き者だ。）

だれが	する／です	だれ・なに	どこ	いつ	

2 日本語の意味に合うように、（　）内の語句を適切なボックスに書きましょう。

1 うちのイヌはこのおやつが大好きなんだ。（ loves , my dog , this snack ）

だれが	する／です	だれ・なに	どこ	いつ	
					.

2 毎朝、早起きをしています。（ early , get up , I ）

だれが	する／です	だれ・なに	どこ	いつ	
				every morning	.

3 母は僕に毎年チョコレートをくれる。（ chocolate , gives , me , my mother ）

だれが	する／です	だれ・なに	どこ	いつ	
				every year	.

| だれが | する/です | だれ・なに | \どこ/ | \いつ/ |

「どこ」「いつ」ボックスに入るもの

どこ には場所、 いつ には時を表す言葉が入ります。

2つを並べるときは、必ず どこ いつ の順番です。

▶ 日曜日に、公園でイヌの散歩をする。

だれが	する/です	だれ・なに	どこ	いつ	
I	walk	my dog	in the park	on Sundays	.
私は	散歩させる	私のイヌを	公園で	日曜日に	

場所を表すには、in や on などの前置詞を使います。

in the living room （リビングに/で）　　on the table 　（テーブルの上で）

in London 　（ロンドンに/で）　　under the chair 　（いすの下で）

in the library 　（図書館に/で）　　around the world （世界中で）

at this shop 　（この店で）　　to Tokyo 　　（東京へ）

時を表すには、次のような語句を使います。

yesterday （昨日）　　every week（毎週）

last year （昨年）　　two years ago（2年前）

on Saturdays（土曜日に）　　in the morning （午前中に/朝に）

after school 　（放課後に）　　in 1976 （1976年に）

▶ 放課後に、図書館にいたんだよ。

だれが	する/です	だれ・なに	どこ	いつ	
I	was		in the library	after school	.
私は	いた		図書館に	放課後に	

▶ お姉ちゃんは去年、インドネシアに行った。

だれが	する/です	だれ・なに	どこ	いつ	
My sister	went		to Indonesia	last year	.
私の姉は	行った		インドネシアに	昨年	

1 ┃ 次の英文をそれぞれの意味順ボックスに書きましょう。

1 I met Ms. Furukawa at the station yesterday.
（私は昨日、駅で古川さんに会った。）

だれが	する／です	だれ・なに	どこ	いつ	

2 Haruka learns calligraphy every Monday.
（ハルカは毎週月曜に書道を習っている。）

だれが	する／です	だれ・なに	どこ	いつ	

3 We celebrate Ellen's birthday in a restaurant every year.
（私たちは毎年、エレンの誕生日をレストランでお祝いする。）

だれが	する／です	だれ・なに	どこ	いつ	

4 My cat is under the chair now.
（私のネコは今、いすの下にいるよ。）

だれが	する／です	だれ・なに	どこ	いつ	

2 ┃ 左ページを参考にして、 どこ と いつ に入る語句を書きましょう。

1 僕は毎朝、リビングでラジオ体操をしている。

だれが	する／です	だれ・なに	どこ	いつ	
I	do	radio exercises			
僕は	する	ラジオ体操を	リビングで	毎朝	

2 私たちは毎週、このお店でパンを買っている。

だれが	する／です	だれ・なに	どこ	いつ	
We	buy	bread			
私たちは	買う	パンを	このお店で	毎週	

3 私の両親は、20年前にロンドンで結婚しました。

だれが	する／です	だれ・なに	どこ	いつ	
My parents	got married				
私の両親は	結婚した		ロンドンで	20年前に	

「名詞のカタマリ」を意識しよう

desk（机）や doctor（医者）などの言葉を名詞といいます。英語では基本的に、名詞をそのままの形では使いません。実際には、a new desk（1つの新しい机）や the young Japanese doctor（その若い日本人の医師）のように、いくつかの言葉を組み合わせて名詞のカタマリにして使うことがほとんどです。

名詞のカタマリは、 だれが や だれ・なに で使います。

だれが	する／です	だれ・なに	どこ	いつ	
Kei ケイは	has 持っている	a small car 1台の小さな車を			．
The pen on the desk 机の上のそのペンは	is です	mine 私のもの			．

名詞のカタマリをつくるとき、名詞の前に情報を加える場合と、名詞の後ろに情報を加える場合があります。代表的な名詞のカタマリには、次の形があります。

① 数（不定冠詞）＋ 名詞   three books（3冊の本）
② 冠詞 ＋ 形容詞 ＋ 名詞   a small car（1台の小さな車）
③ 冠詞 ＋ 名詞 ＋ 前置詞句   the pen on the desk（机の上のそのペン）

これらの名詞のカタマリは、話の流れで誰（何）のことを指しているかわかるときは、代名詞に置きかえます。代名詞は、同じ人や物事を表していても、入るボックスが だれが か だれ・なに かによって、形が異なります。

だれが	する／です	だれ・なに	どこ	いつ	
That boy → He あの男の子は → 彼は	speaks 話す	very fast とても速く			．
I 私は	know 知っている	that boy → him あの男の子を → 彼を			

「彼は」英語を話すよ → He　　あの男の子はね…　　「彼を」知ってるよ → him

「名詞のカタマリ」を確認しよう

1 英文の中から「名詞のカタマリ」を見つけて ☐ で囲みましょう。

例 Kei has a small car.

1 Toru bought a lot of English books.

2 Do you keep a big white dog in your house?

3 The present from Mika is very nice.

2 単語を並べかえて、日本語の表す「名詞のカタマリ」をつくりましょう。

1 ２匹の黒いネコ （ black / cats / two ）

2 私たちの英語の先生 （ English / our / teacher ）

3 いとこのナンシー （ cousin / my / Nancy ）

4 大阪の人々 （ in / Osaka / people ）

5 動物についてのたくさんの本 （ about / animals / books / many ）

3 英文を意味順ボックスに書きましょう。

1 This is my friend Tom. （こちらは私の友だちのトムです。）

だれが	する／です	だれ・なに	どこ	いつ

2 Many students from Tokyo eat *yatsuhashi* in Kyoto.
（東京から来る多くの学生は京都で八つ橋を食べます。）

だれが	する／です	だれ・なに	どこ	いつ

名詞は何を表すか

この本では名詞という言葉が何度も登場します。名詞はヒト、モノ、コトを表す言葉で、だれが や だれ・なに に入れて使います。

名詞は性質によっていくつかに分類できます。

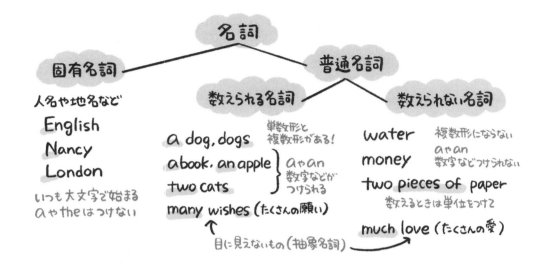

「数えられる名詞」には複数形があります。例えばイヌ（dog）だと、数えられる名詞は1匹（単数）のときだけそのままで、それ以外は（ゼロのときも！）名詞に s がつきます。英語では複数形が基本で、1つ（単数）のときだけ特別な形になる、と考えてもよいでしょう。

0匹のイヌ（イヌがいない）	no dogs
1匹のイヌ	one dog
2匹のイヌ	two dogs
3匹のイヌ	three dogs
数匹のイヌ	some dogs
たくさんのイヌ	many dogs

また、数えられる名詞の場合、a dog / the dog / dogs のどれを使うかで、話し手がイメージしているものが変わってきます。

the をつけるのは、話し手が何か特定のものを思い浮かべているときです。また、dogs と複数形にすると、「イヌというもの」とまとめた言い方になります。

コラム2 「意味順」を思い浮かべて、「意味順」を卒業する

　この本では「意味順」というルールを軸に、中学3年間の英文法を学習します。どの文法でも、どの単元でも、1つのルールで説明できるのが「意味順」の便利なところです。

　学習する文法項目には難しい名前がついています。それらの文法項目と意味順ボックスの関係は以下のようにまとめられます。「意味順」で考えると、関係代名詞は だれが や だれ・なに に入る名詞のカタマリの一部です。また、現在完了形（かんりょう）は する／です に入る動詞の形の1つです。

だれが	する／です	だれ・なに	どこ	いつ
名詞のカタマリ ・動名詞 ・不定詞 ・名詞＋後置修飾 ・関係代名詞 **代名詞**	**動詞** ・過去形 ・現在進行形 ・過去進行形 ・現在完了形 ・現在完了進行形 **助動詞＋動詞** **受け身**	**名詞のカタマリ** ・動名詞 ・不定詞 ・名詞＋後置修飾 ・接続詞 that ・疑問詞＋不定詞 ・関係代名詞 **代名詞** **形容詞／副詞**	**副詞** **前置詞＋場所**	**副詞** **前置詞＋時間**

　とはいえ、学校の教科書やテスト問題には「意味順」は印刷されていませんし、実際に英語を話したり、読んだりするときに「意味順ボックス」は目の前にありません。

　だから、いつも「意味順」を思い浮かべましょう。

　意味順を思い浮かべながら英文を読んだり聞いたりすれば、次にどんな情報が来るか予想することができます。話したり書いたりするときは、スペルミスのような細かいまちがいがあっても意味順が正しければ、言いたいことはほとんど伝わります。

　この本は「意味順」で学ぶ本ですが、最終的な目標は、みなさんが「意味順」を卒業して、あまり意識しなくても英語を読んだり書いたり聞いたり話したりできるようになることです。

　たくさんの英語にふれて、「意味順」がみなさんの体の一部になったら卒業です！

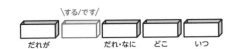

「〜できる」と伝える〈助動詞 can〉

　助動詞は動詞に特別な意味を加えます。「〜することができる」という「可能」の意味を表すには、can という助動詞を使います。

　助動詞は する／です の動詞の前に置きます。動詞は だれが の主語に関係なく原形です。

▶ユカは毎日一輪車に乗る。／ユカは一輪車に乗ることができる。

だれが	する／です	だれ・なに	いつ	
Yuka ユカは	rides 乗る	a unicycle 一輪車に	every day 毎日	．
Yuka ユカは	can ride 乗ることができる	a unicycle 一輪車に		．

⬆ 主語が三人称単数でも…　　⬆ 助動詞を使うと動詞は原形

否定文は、助動詞の後ろに not を置きます。

can の場合は cannot または短縮形の can't になります。

だれが	する／です	だれ・なに	
Hiro ヒロは	can't ride 乗ることができない	a unicycle 一輪車に	．

can ride　　can't ride

　疑問文にするときは、だれが の前に「はてな」というボックスを置いて使います。この はてな に助動詞 can を移動します。助動詞 can は はてな に移動しますが、動詞は する／です に残ります。

▶きみは中華料理を作れる。／きみは中華料理を作れる？

はてな	だれが	する／です	だれ・なに	
---	You あなたは	can cook 料理することができる	Chinese dishes 中華料理を	．
Can できますか？	you あなたは	cook 料理する	Chinese dishes 中華料理を	？

⬆ 助動詞の can だけ移動　　　　⬆ cook だけ残る！

答え方は、Yes, I can. / No, I can't. です。

1 ｜ 次の動詞を使い、日本語の意味に合うように、空所に適切な語を書きましょう。

1 use　マイクは〜を使う。　Mike ＿＿＿＿＿＿＿＿ 〜.

　　　　マイクは〜を使える。　Mike ＿＿＿＿＿＿ ＿＿＿＿＿＿＿＿ 〜.

2 play　アツシは〜を弾く？　＿＿＿＿＿＿ Atsushi ＿＿＿＿＿＿ 〜？

　　　　アツシは〜を弾ける？　＿＿＿＿＿＿ Atsushi ＿＿＿＿＿ 〜？

2 ｜ 日本語に合うように（　　）内の動詞を使って色付きのボックスに適切な語句や符号を補い、文を完成させましょう。

1 マイクは和食レストランで箸を使う。　マイクは箸を使える。（use）

だれが	する／です	だれ・なに	どこ	いつ
Mike		chopsticks	at a Japanese restaurant	
Mike		chopsticks		

2 奥住先生はコーヒーを飲まない。　奥住先生はコーヒーを飲めない。（drink）

だれが	する／です	だれ・なに	どこ	いつ
Mr. Okuzumi		coffee		
Mr. Okuzumi		coffee		

3 アツシはピアノを弾く？　アツシはピアノを上手に弾ける？（play）

はてな	だれが	する／です	だれ・なに		どこ	いつ
	Atsushi		the piano			
	Atsushi		the piano	well		

3 ｜ 日本語に合うように、語句を並べかえて、英文をつくりましょう。

1 ケビンは日本語をとても上手に話せるよ。（ can / Japanese / Kevin / speak / very well /. ）

＿＿＿＿＿＿＿＿＿＿＿＿＿＿＿＿＿＿＿＿＿＿＿＿＿

2 コーリー。刺身は食べられる？（ can / eat / sashimi / you / ? ）

Cory. ＿＿＿＿＿＿＿＿＿＿＿＿＿＿＿＿＿＿＿＿＿

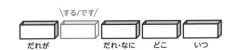

義務や許可を伝える〈助動詞 may / must / should〉

can の他にもいろいろな助動詞があります。使い方と意味を確認しましょう。

may 今、私の赤ペンを使っていいよ。

だれが	する／です	だれ・なに	いつ	
You あなたは	may use 使ってよい	my red pen 私の赤ペンを	now 今	.

「〜してよい」と目上の立場から許可を与えるイメージです。

否定形は may not です。「〜してはいけない＝許可しない」という意味です。

You may not sleep in this room.（この部屋では寝てはいけません。） 許可しない

must メグは今日、自分の部屋を掃除しなければならないんだよ。

だれが	する／です	だれ・なに	いつ	
Meg メグは	must clean 掃除しなければならない	her room 彼女の部屋を	today 今日	.

「〜しなければならない」と義務を表します。誰かに言われてではなく、自分で必要性を感じて決意したイメージです。主語が You のときは「〜しなさい」という命令の意味になります。

否定形は must not（〜してはいけない）です。短縮形の mustn't は少しくだけた印象があります。may not よりも強い禁止を表します。

You must not sleep in class.（授業中、寝てはいけません。） 禁止

should きみ、1日休んだほうがいいよ。

だれが	する／です	だれ・なに	
You あなたは	should take 取るべきだ	a day off 1日お休みを	.

「〜するべき」「〜するほうがいい」という意味です。must よりもゆるくアドバイスする感じです。

否定文では should not（＝ shouldn't）を使います。

You shouldn't waste your time.（あなたは時間を無駄にするべきではない。）

練習しよう　助動詞 may / must / should

1 | 日本語に合うように、空所に適切な助動詞を書きましょう。

1 きみは～をしてもよい。　You ＿＿＿＿＿＿＿＿ do ～ .

2 きみは～をしなければならない。　You ＿＿＿＿＿＿＿＿ do ～ .

3 きみは～をするべきだ。　You ＿＿＿＿＿＿＿＿ do ～ .

2 | 日本語に合うように（　）内の動詞を使い、する／です に適切な語句を書きましょう。

1 きみは私のラケットを使っていいよ。／今日は私のラケットを使わないで。（use）

だれが	する／です	だれ・なに	どこ	いつ	
You		my racket			.
You		my racket		today	.

2 野菜を食べなればなりませんよ。／そのキノコは食べてはいけません。（eat）

だれが	する／です	だれ・なに	どこ	いつ	
You		vegetables			.
You		the mushroom			.

3 友だちを助けるべきです。／今は彼女を助けるべきではありません。（help）

だれが	する／です	だれ・なに	どこ	いつ	
You		your friends			.
You		her		now	.

3 | 日本語に合うように、語句を並べかえて、英文をつくりましょう。

1 質問していいですよ。（ ask / a question / may / you / . ）

＿＿＿＿＿＿＿＿＿＿＿＿＿＿＿＿＿＿＿＿＿＿＿＿＿

2 お昼ご飯の前に手をよく洗わなければなりません。

（ before lunch / carefully / must / you / your hands / wash / . ）

＿＿＿＿＿＿＿＿＿＿＿＿＿＿＿＿＿＿＿＿＿＿＿＿＿

\はてな/		\する/です/			
	だれが		だれ・なに	どこ	いつ

「〜してもいい?」と確認する〈Can I 〜?/May I 〜?/Shall I 〜?〉

　助動詞 can（〜できる）、may（〜してよい）、shall（〜だろう）は、疑問文で使うと、人に許可を求めたり、申し出たりする意味になります。主に会話で使用されるので、Yes / No のほかにもいろいろな答え方があります。

Can I 〜? / May I 〜?　あなたの辞書を使ってもいい?

はてな	だれが	する／です	だれ・なに	
Can できますか?	I 私は	use 使う	your dictionary あなたの辞書を	?
May してもいいですか?	I 私は	use 使う	your dictionary あなたの辞書を	?

「（私は）〜できますか」「（私は）〜していいですか」と相手に許可を求める表現です。

→ 許可する　Yes, you can[may]. （いいよ。）/ Yes, please. （はい、どうぞ。）/ Sure. （もちろん。）

→ 断るとき　No, you can't. （ダメだよ。）/ Sorry, you can't. （ごめん、ダメなんだ。）

Shall I 〜?　ドアを開けましょうか?

はてな	だれが	する／です	だれ・なに	
Shall でしょうか?	I 私は	open 開ける	the door そのドアを	?

「私が〜しましょうか?」と相手に申し出る表現です。

→ お願いするとき　Yes, please. （はい、お願いします。）

→ 断るとき　No, thank you. （いいえ、結構です。）

Shall we 〜?　一緒にカフェに行きませんか?

はてな	だれが	する／です	どこ	
Shall でしょうか?	we 私たちは	go 行く	to a café カフェに	?

「一緒に〜しませんか」と相手を誘う表現です。Let's go to a café. と同じ意味になります。

→ 受け入れるとき　Yes, let's. （うん、そうしよう。）

→ 断るとき　No, let's not. （いいえ、やめとこう。）

1 日本語に合うように、空所に入る適切な助動詞を　:::::::::　から選びましょう。選択肢は２回
使うものもあります。

1 ～できますか？　　　　_____ I ～?

2 ～しましょうか？　　　_____ I ～?

3 一緒に～しませんか？　_____ we ～?

4 ～してもいいですか？　_____ I ～?

> Can
> Shall
> May

2 日本語に合うように、（　　）内の動詞を使って色付きのボックスに適切な語句や符号を補い、
文を完成させましょう。

1 トイレ借りていい？　（use）

はてな	だれが	する／です	だれ・なに	どこ	いつ	
			the bathroom			

2 お水を１杯もらえますか。　（have）

はてな	だれが	する／です	だれ・なに	どこ	いつ	
			a glass of water			

3 家まで迎えに行こうか？　（pick）

はてな	だれが	する／です	だれ・なに	どこ	いつ	
			you up	at your house		

3 日本語に合うように、語句を並べかえて、英文をつくりましょう。

1 お名前をうかがっていいですか。（ can / have / I / your name / ? ）

_____

2 あなたのかばんを運びましょうか。（ carry / I / shall / your bag / ? ）

_____

3 午後、一緒に買い物に行かない？（ go shopping / shall / this afternoon / we / ? ）

_____

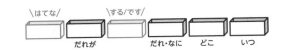

相手に依頼する〈Will you 〜? / Can you 〜? / Could you 〜?〉

Will you 〜? / Can you 〜? / Could you 〜? は、人に依頼する表現になります。使う助動詞によってニュアンスに違いがあります。

Will you 〜? 窓、開けてくれる？

はてな	だれが	する／です	だれ・なに	
Will	you	open	the window	?
つもりですか？	あなたは	開ける	窓	

「〜してくれますか」と相手にたずねるイメージです。

助動詞 will は「〜するつもり」という未来の〈意思〉を表します。Will you 〜? は、「〜するつもりある？」とたずねることになり、状況によっては軽い命令口調に感じられることもあります。

Can you 〜? あなたのパソコンを貸してもらえませんか。

はてな	だれが	する／です	だれ・なに		どこ	いつ	
Can	you	lend	me	your PC			?
できますか？	あなたは	貸す	私に	あなたのパソコンを			

「〜してもらえませんか」「〜できますか」と相手に可能かどうか確認するイメージです。Will you 〜? のように命令口調に感じられることはありません。

Could you 〜? 私を手伝っていただけませんか。

はてな	だれが	する／です	だれ・なに	どこ	いつ	
Could	you	help	me			?
いただけませんか？	あなたは	手伝う	私を			

「〜していただけませんか」という、とても丁寧なお願いです。「もしあなたができるのであれば〜していただけるといいのですが」と、ひかえめに希望を伝えるイメージです。

Will you 〜? / Can you 〜? / Could you 〜? でお願いされて答えるときは、will や could を使いません。

→ 引き受けるとき　Sure. (もちろん。) / Okay. (いいよ。) / Yes, I can. (はい、いいですよ。)

→ 断るとき　Sorry, I can't. (ごめんなさい、できません。)

✏️ **練習しよう**　Will you 〜? / Can you 〜? / Could you 〜?　🎧 Track 10

1

左ページを参考に、日本語に合うように、空所に入る適切な助動詞を □□□ から選んで書きましょう。

1 〜してくれますか。 _____ you 〜?

2 〜してもらえませんか。 _____ you 〜?

3 〜していただけませんか。 _____ you 〜?

can
could
will

2

日本語に合うように、( )内の助動詞と動詞を使って、色付きのボックスに適切な語や符号を補い、文を完成させましょう。

1 テレビをつけてくれる？ (will , turn on)

はてな	だれが	する／です	だれ・なに	どこ	いつ	
			the TV			

2 塩を取ってもらえませんか。 (can , pass)

はてな	だれが	する／です	だれ・なに	どこ	いつ	
			me | the salt			

3 明日9時にここに来ていただけませんか。 (could , come)

はてな	だれが	する／です	だれ・なに	どこ	いつ	
				here	at nine tomorrow	

3

日本語に合うように、語句を並べかえて、英文をつくりましょう。

1 教科書を見せてくれますか。 (me / show / will / you / your textbook / ?)

_____

2 今夜、電話してもらえませんか。 (can / call / me / tonight / you / ?)

_____

3 写真を撮っていただけませんか。 (a picture / could / take / you / ?)

_____

031

だれが	する/です	だれ・なに	どこ	いつ

予定や推測を伝える〈助動詞 will / be going to 〜〉

　助動詞 will は、主語の「〜しようと思う」という未来の〈意思〉を表します。主語が三人称の場合は「〜だろう」という〈予測〉を表します。

　また、be going to は、「（このあと）〜する予定だ」という未来の〈予定〉を表します。be は主語に応じて is / am / are のいずれかを使います。

　will も be going to も、 する／です の動詞の前に置き、動詞は原形を使います。

〈意思〉を表す文　▶　今日の午後、おじさんを訪ねようと思います。

〈予定〉を表す文　▶　今日の午後、おじさんを訪ねることになっています。

だれが	する｜です	だれ・なに	どこ	いつ	
I 私は	will visit 訪ねようと思う	my uncle 私のおじさんを		this afternoon 今日の午後	
I 私は	am going to visit 訪ねる予定だ	my uncle 私のおじさんを		this afternoon 今日の午後	

　どちらも「今日の午後」という未来の話ですが、will の文がおじさんの家に行くことを今決めたのに対して、be going to の文は前から決まっている予定です。

　will の文を否定文にするときは、 する／です の will に not をつけて will not（短縮形：won't）とします。be going to の文では、be 動詞に not をつけます。

　　I won't watch YouTube tonight.（今夜はユーチューブを見ない。）

　　We aren't going to practice tennis today.（今日はテニスの練習をする予定はない。）

　疑問文では will / be 動詞を先頭の はてな に移動します。

▶ 明日は晴れるでしょうか。／あなたは 6 時に起きる予定ですか。

はてな	だれが	する／です	だれ・なに	どこ	いつ	
Will 〜でしょうか？	it 〈天気の it〉	be です	sunny 晴れている		tomorrow 明日は	？
Are 〜ですか？	you あなたは	going to get up 起きる予定だ			at six 6時に	？

　　　be 動詞だけ はてな に移動

　それぞれ、次のように答えます。

　　will → Yes, it will. / No, it won't.　　be going to → Yes, I am. / No, I'm not.

✏️ 練習しよう　助動詞 will / be going to 〜

1 ｜ 日本語に合うように、空所に入る適切な語を書きましょう。

1 ジュンは〜するだろう。　Jun ＿＿＿＿＿ play 〜．

2 ジュンは〜する予定です。　Jun ＿＿＿＿＿ ＿＿＿＿＿ ＿＿＿＿＿ play 〜．

2 ｜ 日本語に合うように（　　）内の動詞を使い、する／です に適切な語句を書きましょう。

1 ジュンは午後、サッカーをするだろう。／ジュンは午後、サッカーをする予定だ。（play）

だれが	する／です	だれ・なに	どこ	いつ	
Jun		soccer		this afternoon	.
Jun		soccer		this afternoon	.

2 明日は雨だろう。／まもなく雨が降り出しそうだ。（rain）

だれが	する／です	だれ・なに	どこ	いつ	
It				tomorrow	.
It				soon	.

3 今夜はゲームをしないぞ。／今週末はゲームをしない予定だ。（play）

だれが	する／です	だれ・なに	どこ	いつ	
I		games		tonight	.
I		games		this weekend	.

3 ｜ 日本語に合うように、語句を並べかえて、英文をつくりましょう。

1 〈電話が鳴って〉私が出ます。（ get / I / it / will / . ）

＿＿＿＿＿＿＿＿＿＿＿＿＿＿＿＿＿＿＿＿＿＿

2 この夏はカナダに行く予定です。（ am / Canada / going to / I / this summer / visit / . ）

＿＿＿＿＿＿＿＿＿＿＿＿＿＿＿＿＿＿＿＿＿＿

3 彼らはすぐに戻ってくるかな？（ come back / soon / they / will / ? ）

＿＿＿＿＿＿＿＿＿＿＿＿＿＿＿＿＿＿＿＿＿＿

1 次の会話文の状況に合うように ＿＿＿＿ 内に当てはまる語句を、それぞれの ⋯⋯⋯ の中から選び、書きなさい。 3点×3

1 タク：Mr. Brown, that looks heavy! ＿＿＿＿＿＿ help you?

先生：Oh, yes, please.

> Shall I　　Shall we

2 お客：Thank you for the delivery. Oh, sorry.　I don't have a pen now.

配達員：You ＿＿＿＿＿ use this pen.　Here you are.

> can　　must

3 母親：Saya, are you busy now?　Will you buy some sugar, please?

サヤ：OK, I ＿＿＿＿＿＿.

> will　　won't

2 次の英文を、意味順ボックスに正しく書き写しなさい。 3点×3

1 Tom can write some *kanji.* （トムは漢字を書くことができる。）

だれが	する／です	だれ・なに	どこ	いつ	

2 Tom is going to buy the new game. （トムはその新作ゲームを買う予定だ。）

だれが	する／です	だれ・なに	どこ	いつ	

3 Tom shouldn't join that team. （トムはあのチームに入るべきじゃない。）

だれが	する／です	だれ・なに	どこ	いつ	

3 | 次の日本文を英文にしなさい。

1 今夜、トムに会ってはいけません。

_____

2 トムは今夜は勉強する予定です。

_____

3 トムはいいピアニストになるだろう。

_____

4 トムは中国語（Chinese）が話せるのですか？

_____

4 | 次のイラストの場面で、それぞれのセリフとして適切な英文を書きなさい。

4点 × 4

1

① _____

② _____

2

① _____

② _____

リスニング問題 ① 🔊))

1 会話とその内容についての質問を聞いて、答えとして最も適切なものを選択肢から選び、答えの文を完成させなさい。

No. 1

the box

the cake

the pair of scissors

the flowers

だれが	する／です	だれ・なに	どこ	いつ

He _____ has _____ .

No. 2

picture A

picture B

picture C

picture D

だれが	する／です	だれ・なに	どこ	いつ

They _____ are looking at _____ .

2 ボブ (Bob) とユミ (Yumi) の会話を聞いて、それぞれの質問の答えの文を完成させなさい。

No. 1 Who watched the soccer game in the stadium last night?

だれが	する／です	だれ・なに	どこ	いつ

_____ did _____ .

No. 2 How did Yumi watch the soccer game again?

だれが	する／です	だれ・なに	どこ	いつ	どうやって

She _____ watched _____ it _____ .

No. 3 Where is Yumi's sister going to visit next month?

だれが	する／です	だれ・なに	どこ	いつ

She _____ is going to visit _____ .

次の会話文を読み、あとの問いに答えなさい。

Ms. Lee: Hi, everyone. Let's start the class. Today, shall I tell you about my hometown? Please look at this map. My hometown is *Brisbane in Australia. Many koalas live there.

Tomomi: Can we *hug the koalas?

Ms. Lee: You can hug them in Brisbane, but we cannot in *Sydney. Also, we can only hug koalas *at certain times. We should check the schedule.

Satoshi: Could I take a picture of a koala? Koalas are very cute.

Ms. Lee: Yes, you can, but you must ask. Many koalas don't like pictures.

Tomomi: Will you go home this summer?

Ms. Lee: I am going to visit my family in August.

Satoshi: It's winter there in August, right?

Ms. Lee: Yes. In August, it's winter in Australia, but not very cold in Brisbane. We don't have to wear too much.

Satoshi: I didn't know that. Australia is an interesting country. I want to go there someday.

　　　　　　　　　＊Brisbane ブリズベン（オーストラリアの都市）　＊Sydney シドニー（オーストラリアの都市）
　　　　　　　　　＊hug 抱く、抱える　＊at certain times 特定の時間に

---

1 次の質問の答えを選びなさい。

Where is Ms. Lee talking?

ア In Brisbane.　　イ In Australia.　　ウ In Sydney.　　エ In school.

2 会話文の内容と合うように、次の空所に入る最も適切なものを選びなさい。

In Brisbane, _____.

ア you cannot play with koalas

イ you will find August is hot

ウ you must wear a lot in winter

エ you can take a picture of koalas

3 会話文の内容と合うものには〇を、合わないものには×をつけなさい。

(1) You cannot hug koalas in Sydney.　　_____

(2) Ms. Lee will go to Sydney in August.　　_____

(3) Satoshi is interested in a foreign country.　　_____

「〜すること」① 〈動名詞〉

「スイミング (swimming)」はスポーツ名として使われる名詞です。

これは swim (泳ぐ) という動詞が変形したものです。このように、動詞の語尾に ing をつけると「〜すること」という意味の名詞になります。これを動名詞といいます。動名詞は、名詞と同じように だれが や だれ・なに で使います。

> 動詞+ing
> =〜すること
> ↑名詞の形

だれが	する／です	だれ・なに	どこ	いつ	
Miki and Moeko ミキとモエコは	enjoy 楽しみます	swimming 泳ぐことを		after school 放課後	.
Swimming 泳ぐことは	is です	my hobby 私の趣味			.

動名詞のつくり方は、進行形で使う動詞の 〜ing 形と同じです。

① そのまま –ing	② e を取って–ing	③ 最後の文字を重ねて–ing
play → playing	live → living	cut → cutting
eat → eating	invite → inviting	hit → hitting

ing をつけた動名詞の後ろには名詞や場所を加えることができます (p. 48「名詞のカタマリ①」)。

playing basketball (バスケをすること)
eating dinner (夕飯を食べること)
reading comics (マンガを読むこと)
running in the park (公園で走ること)

「走ること」
running

「公園で走ること」
running in the park

動名詞は、する／です が enjoy (〜を楽しむ)、finish (〜を終わらせる)、stop (〜をやめる) などのとき、だれ・なに でよく使います。

▶父は午前中に洗車を終えた。／私はその時、本を読むのをやめた。

だれが	する／です	だれ・なに	どこ	いつ	
My father 私の父は	finished 終わらせた	washing his car 車を洗うことを		in the morning 午前中に	.
I 私は	stopped やめた	reading 本を読むことを		at that time その時	.

1 日本語に合うように、⬚⬚⬚⬚ から動詞を選び適切な形にしましょう。

1 英語を話すこと　＿＿＿＿＿＿＿＿ English

2 音楽を聞くこと　＿＿＿＿＿＿＿＿ to music

3 バレーボールをすること　＿＿＿＿＿＿＿＿ volleyball

4 一輪車に乗ること　＿＿＿＿＿＿＿＿ a unicycle

> listen
> play
> ride
> speak

2 日本語に合うように色付きのボックスに適切な語句を補い、文を完成させましょう。

1 私は英語を話すのが好きだ。

だれが	する／です	だれ・なに	どこ	いつ	
I					.

2 父はクラシック音楽（classical music）を聞くのが好きです。

だれが	する／です	だれ・なに	どこ	いつ	
My father		to classical music			.

3 バレーボールをすることは、私にとって大変です。

だれが	する／です	だれ・なに	どこ	いつ	
		hard for me			.

3 日本語に合うように、語句を並べかえて、英文をつくりましょう。

1 あのアトラクションに乗って楽しみました。（ enjoyed / I / riding / that attraction / . ）

＿＿＿＿＿＿＿＿＿＿＿＿＿＿＿＿＿＿＿＿＿＿＿＿＿＿

2 野菜を食べることは大切です。（ eating / important / is / vegetables / . ）

＿＿＿＿＿＿＿＿＿＿＿＿＿＿＿＿＿＿＿＿＿＿＿＿＿＿

3 エコバッグを使うことは、地球にとってよいことだ。
（ eco-bags / for the earth / good / is / using / . ）

＿＿＿＿＿＿＿＿＿＿＿＿＿＿＿＿＿＿＿＿＿＿＿＿＿＿

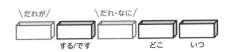

「〜すること」② 〈不定詞：名詞的用法〉

〈to ＋ 動詞の原形〉を不定詞といいます。不定詞は文の中でいろいろな働きをします。ここでは「〜すること」という意味になり、名詞の働きをする名詞的用法を学習します。名詞的用法の不定詞は動名詞と同じように だれが や だれ・なに で使います。

だれが	する／です	だれ・なに	
Tetsu テツは	likes 好きだ	to run 走ることが	.
To teach at school 学校で教えることが	is です	my dream 私の夢	.

■「不定詞」とは…

to＋ 動詞の原形
↑
どんな主語でも
形が変わらない

〈to ＋ 動詞の原形〉の後ろには、名詞や場所などを加えることができます。

to play soccer （サッカーをすること）　　to swim in the sea （海で泳ぐこと）

不定詞は、する／です に入る動詞によって、以下のような意味になります。

like to ＋ 動詞の原形：〜するのが好き　　want to ＋ 動詞の原形：〜したい

start to ＋ 動詞の原形：〜し始める　　need to ＋ 動詞の原形：〜する必要がある

try to ＋ 動詞の原形：〜しようとする　　hope to ＋ 動詞の原形：〜することを願う

like や start は、後ろの だれ・なに に不定詞も動名詞も入れることができます。一般的に、不定詞には「これから起こること」の意味が含まれるので、使い分けに注意が必要です。

start to 〜　　もうすぐ雨が降り始めるでしょう。

だれが	する／です	だれ・なに	どこ	いつ	
It 〈天気の It〉	will start 始まるだろう	to rain 雨が降ることが		soon もうすぐ	.

start 〜ing　　3 時に雨が降り始めました。

だれが	する／です	だれ・なに	どこ	いつ	
It 〈天気の It〉	started 始まった	raining 雨が降ることが		at three 3 時に	.

また、want や need、hope などは不定詞しか入りません。

だれが	する／です	だれ・なに	どこ	いつ	
I 私は	needed 必要だった	to come home by 6 p.m. 6 時までに帰宅することが			

1

日本語に合うように、▭から適切な動詞を選び空所に適切な語を書きましょう。

1 学ぶこと _____ _____

2 笑うこと _____ _____

3 運転すること _____ _____

> drive　laugh　learn

2

日本語に合うように、色付きのボックスに適切な語句を補い、文を完成させましょう。

1 私は高校で物理（physics）を学びたい。

だれが	する／です	だれ・なに	どこ	いつ	
I		in a high school			.

2 僕の夢は、ドイツで車を運転することだ。

だれが	する／です	だれ・なに	どこ	いつ	
My dream		in Germany			.

3 笑うことは健康によい。

だれが	する／です	だれ・なに	どこ	いつ	
		good for the health			.

3

日本語に合うように、語句を並べかえて、英文をつくりましょう。

1 姉は弁護士になりたがっています。(a lawyer / my sister / to become / wants / .)

_____

2 僕は人前で話すのが好きじゃないんだ。(don't / I / in public / like / to speak / .)

_____

3 私の趣味の1つは、東京ディズニーシーに行くことだ。

(is / one of my hobbies / to visit / Tokyo Disney Sea / .)

_____

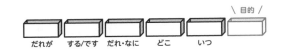

「～するために」〈不定詞：副詞的用法〉

不定詞〈to + 動詞の原形〉で、「～するために」と「行動の目的」を説明することができます。この不定詞の使い方を副詞的用法といいます。

不定詞で行動の目的を表すときは、「目的」というボックスを追加します。

▶ 僕は、新刊のマンガ本を読むために、さっさと宿題を終わらせた。

追加！

だれが	する／です	だれ・なに		どこ	いつ	目的	
I	finished	my homework	quickly			to read a new comic book	．
私は	終わらせた	宿題を	はやく			新刊のマンガ本を読むために	

目的 の中も意味順に並びます。意味順ボックスを2段にして確認しましょう。

	だれが	する／です	だれ・なに		どこ	いつ
	I	finished	my homework	quickly		
	私は	終わらせた	宿題を	はやく		
目的 の中も 意味順！	---	to read	a new comic book				．
		読むために	新刊のマンガ			

↑ 主語は1段めと同じ「I」なので だれが には何も入らない

▶ ミキは、将来先生になるために、熱心に勉強する。

だれが	する／です	だれ・なに	どこ	いつ	目的	
Miki	studies	hard			to become a teacher in the future	．
ミキは	勉強する	熱心に			将来先生になるために	

	だれが	する／です	だれ・なに	どこ	いつ	
	Miki	studies	hard			
	ミキは	勉強する	熱心に			
目的 の中も 意味順！	---	to become	a teacher		in the future	．
		なるために	先生に		将来	

「行動の目的」を表す不定詞は、疑問詞 why を使った疑問文に対する答えとして使うこともできます。

Why did you go to Tokyo yesterday? （どうして昨日、東京に行ったの？）
— **To watch a baseball game.** （野球の試合を見るためだよ。）

1 | 日本語に合うように、空所に入る適切な語句を ⬚⬚⬚ から選びましょう。

1 定期券をチャージするために ＿＿＿＿＿＿＿＿＿＿ my commuter pass

2 中華を食べるために ＿＿＿＿＿＿＿＿＿＿ Chinese dishes

3 車を買うために ＿＿＿＿＿＿＿＿＿＿ a car

> to buy　　to charge　　to eat

2 | 日本語に合うように、色付きのボックスに適切な語句を補いましょう。 目的 の中の意味順に注意しましょう。

1 私は定期券をチャージするために、駅に行きました。

だれが	する／です	だれ・なに	どこ	いつ	目的	
			to the station		my commuter pass	

2 中華を食べに、横浜に行きたいです。

だれが	する／です	だれ・なに	どこ	いつ	目的	
		to go	to Yokohama		Chinese dishes	

3 姉はこの車を買うために、節約しました。

だれが	する／です	だれ・なに	どこ	いつ	目的	
		money			this car	

3 | 日本語に合うように、語句を並べかえて、英文をつくりましょう。

1 サッカーの試合を見たいので、早く帰りたいんだ。

(go home early / I / the soccer game / to watch / want to / .)

＿＿＿＿＿＿＿＿＿＿＿＿＿＿＿＿＿＿＿＿＿＿＿＿＿＿＿＿＿＿＿＿

2 今朝は朝食を作るために早起きしました。

(breakfast / got up early / I / this morning / to make / .)

＿＿＿＿＿＿＿＿＿＿＿＿＿＿＿＿＿＿＿＿＿＿＿＿＿＿＿＿＿＿＿＿

「〜するための○○」〈不定詞：形容詞的用法〉

不定詞〈to + 動詞の原形〉は、「〜するための○○」や「〜するべき○○」のように〈人・もの〉を詳しく説明することができます。これを形容詞的用法といいます。

だれが	する／です	だれ・なに	どこ	いつ	
I 私は	needed 必要だった	some water いくらかの水		then そのとき	.
I 私は	needed 必要だった	some water to drink 飲むためのいくらかの水		then そのとき	.

⬆「飲むための水」→「飲み水」

どちらの文も「水が必要だった」ことを伝えていますが、some water だけでは何をするための水かわかりません。

そこで to drink を後ろに加えて、「何のために使う水なのか」を説明します。some water to drink で「飲み水」という意味の名詞のカタマリになっています。

some water

形容詞的用法でつくる〈名詞＋ to ＋動詞の原形〉のカタマリは名詞的用法と同じように、 だれが や だれ・なに で使います。(p. 40「意味順 07」)

● 名詞的用法　 I like to listen to rock music .（ロック音楽を聞くこと）
● 形容詞的用法　 I have many DVDs to watch .（見るべきたくさんの DVD）

形容詞的用法と、目的を表す副詞的用法は、語句の並び方がよく似ています。「読むために…行った」のように行動について説明するのが副詞的用法で、「読むための本」と名詞について説明するのが形容詞的用法です。(p. 42「意味順 08」)

● 副詞的用法
　 I went to the library to read the new magazine .
　　⬆行動　　　　　　　　　⬆行動の目的を説明（副詞）「新しい雑誌を読むために行った」

● 形容詞的用法
　 I bought some books to read tomorrow .
　　　　⬆名詞　　　　　⬆some books を説明（形容詞）「明日読むための何冊かの本」

1 日本語に合うように、空所に入る適切な語句を ⬚ から選びましょう。

1 何か食べるもの　something _____

2 するべき宿題　homework _____

3 見るべき場所　places _____

⬚
to do
to eat
to see

2 日本語に合うように、色付きのボックスに適切な語句を補い、文を完成させましょう。

1 私は何か食べ物が欲しい。

だれが	する／です	だれ・なに	
		something	．

2 あなたは、やらなきゃいけないことがたくさんあるね。

だれが	する／です	だれ・なに	
		a lot of	．

3 この町（this city）は見るべき場所がたくさんありますね。

だれが	する／です	だれ・なに	
		a lot of	．

3 日本語に合うように、語句を並べかえて、英文をつくりましょう。

1 私は何か飲み物が欲しい。（ I / something / to drink / want / . ）

_____

2 この図書館には読むべき本がたくさんあります。
（ has / this library / many books / to read / . ）

_____

3 遠足で食べるおやつを買いました。
（ bought / for the school trip / I / to eat / snacks / . ）

_____

「○○にとって〜することは…だ」〈It is ... for ○○ to 〜 .〉

> だれが に不定詞を使ったカタマリが入ると、主語が長くなってしまうことがあります。

▶スタジアムでサッカーの試合を見るのはワクワクする。

だれが	する／です	だれ・なに	どこ	いつ	
To watch a soccer game in a stadium スタジアムでサッカーの試合を見ることは	is です	exciting ワクワクする			.

英語では主語が長い文は好まれません。そこで「代わりの小さな頭 It」が登場します。It を〈代わりの主語〉にして、その内容を不定詞であとから説明します。It の中身を後ろに背負うイメージです。

だれが	する／です	だれ・なに	
It 〈代わりの主語〉	is です	exciting to watch a soccer game in a stadium ワクワクする　サッカーの試合をスタジアムで見ること	.

> だれ・なに の中を2段の意味順ボックスで確認しましょう。

	だれが	する／です	だれ・なに	どこ	いつ	
It って 何のこと？	It 〈代わりの主語〉	is です	exciting ワクワクする			
→	--- 	to watch 見ること	a soccer game サッカーの試合を	in a stadium スタジアムで		.

動作の主語を表すときは、〈for ＋人〉を使います。for の後ろは代名詞になることもあります。

▶ミク[彼女]にとってカレーライスを作るのは難しい。

	だれが	する／です	だれ・なに	どこ	いつ	
	It 〈代わりの主語〉	is です	difficult 難しい			
2段めも 意味順！	for Miku[her] ミク[彼女]にとって	to cook 作ること	curry and rice カレーライスを			.

1　日本語に合うように、┊┈┈┊ から適切な形容詞を選びましょう。また for の後ろに適切な代名詞を書きましょう。

1　～することは、私たちにとって大切だ。　It is ＿＿＿＿＿＿ for ＿＿＿ ～.

2　～することは、あなたにとって役に立つ。　It is ＿＿＿＿＿＿ for ＿＿＿ ～.

3　～することは、私にとって興味深い。　It is ＿＿＿＿＿＿ for ＿＿＿ ～.

┈┈┈┈┈┈┈┈┈┈┈┈┈┈┈┈┈┈┈┈┈┈┈┈┈┈┈┈┈┈
important　　interesting　　useful
┈┈┈┈┈┈┈┈┈┈┈┈┈┈┈┈┈┈┈┈┈┈┈┈┈┈┈┈┈┈

2　日本語に合うように、色付きのボックスに適切な語句を補い、文を完成させましょう。

1　ペットボトルをリサイクルすることは、私たちにとって大切だ。

だれが	する／です	だれ・なに	
		to recycle plastic bottles	.

2　年配者の話を聞くことは、あなたたちにとって役に立ちます。

だれが	する／です	だれ・なに	
		to listen to elderly people	.

3　外国のお金を見ることは、私にとって興味深い。

だれが	する／です	だれ・なに	
		to see foreign country's money	.

3　日本語に合うように、語句を並べかえて、英文をつくりましょう。

1　部屋を毎日掃除するのは、私にとって大変です。

(every day / for me / hard / is / it / my room / to clean / .)

＿＿＿＿＿＿＿＿＿＿＿＿＿＿＿＿＿＿＿＿＿＿＿＿＿＿＿＿＿＿

2　水分をたくさんとることは、私たちにとってよいことだ。

(for us / good / is / it / to drink / a lot of water / .)

＿＿＿＿＿＿＿＿＿＿＿＿＿＿＿＿＿＿＿＿＿＿＿＿＿＿＿＿＿＿

動名詞と不定詞

動名詞〈動詞の ～ing 形〉と名詞的用法の不定詞〈to + 動詞の原形〉は、「～すること」という意味になり、名詞の働きをします。(p. 38「意味順 06」、p. 40「意味順 07」)

だれが	する／です	だれ・なに	どこ	いつ	
My mother 私の母は	likes 好きだ	running 走ることが			
My mother 私の母は	likes 好きだ	to run 走ることが			

動名詞や不定詞は、後ろに名詞や場所を表す語句を付け加えることで、「何をすること」なのかをより具体的に述べることができます。

動名詞 running in the park（公園で走ること）
　　　 using computers（コンピュータを使うこと）

不定詞 to eat lunch（昼食を食べること）
　　　 to live in the U.K.（英国に住むこと）

後ろに説明語句が加わることで、動名詞や不定詞は比較的長い「名詞のカタマリ」をつくります。これらのカタマリは だれが や だれ・なに で使います。

動名詞を使った名詞のカタマリが だれが ・ だれ・なに に入る

だれが	する／です	だれ・なに	どこ	いつ	
Swimming in the river その川で泳ぐこと	is です	dangerous 危険な			
I 私は	enjoyed 楽しんだ	reading English books 英語の本を読むこと		yesterday 昨日	

不定詞を使った名詞のカタマリが だれが ・ だれ・なに に入る

だれが	する／です	だれ・なに	どこ	いつ	
To ride a unicycle 一輪車に乗ること	is です	difficult 難しい			
My brother 私の弟は	wants 望んでいる	to get a new smartphone 新しいスマホを手に入れること			

✏️ 練習しよう　動名詞・不定詞

1 次の文の中から3語以上の名詞のカタマリを見つけて □ で囲み、日本語にしましょう。

例　Reading comic books is interesting.

　　（ マンガ本を読むこと　　　　　　　　　　　　　　　　　　　　）

1　To be an English teacher is my dream.

　　（　　　　　　　　　　　　　　　　　　　　　　　　　　　　　）

2　I like talking with friends.

　　（　　　　　　　　　　　　　　　　　　　　　　　　　　　　　）

3　My sister wanted to have her own room ten years ago.

　　（　　　　　　　　　　　　　　　　　　　　　　　　　　　　　）

2 日本語に合うように単語を並べかえて名詞のカタマリをつくりましょう。

1 コンピュータを使うこと　（ a / computer / to / use ）

2 部屋で音楽を聞くこと　（ in / listening / my / music / room / to ）

3 両親に夕食を作ること　（ cook / dinner / for / my / parents / to ）

3 2を参考に日本文の意味に合う英文を書きましょう。

1 私の趣味は部屋で音楽を聞くことです。

2 コンピュータを使うのは難しいです。

1 空所に入る適切な語句をそれぞれの ┈┈ の中から選び、書きなさい。 　2点×5

1 I want ＿＿＿＿＿＿＿＿ soccer. (サッカーをしたい。)

> to play　　playing

2 We enjoyed ＿＿＿＿＿＿＿＿ to old music on TV. (TVで懐メロを楽しんだよ。)

> to listen　　listening

3 Riku went to Nagano ＿＿＿＿＿＿＿＿ soba. (リクはそばを食べに長野に行った。)

> to eat　　eating

4 It's easy for me ＿＿＿＿＿＿＿＿ English. (英語を話すのなんて私には簡単だよ。)

> to speak　　speaking

5 Did you finish ＿＿＿＿＿＿＿＿ the letter? (その手紙、書き終わった?)

> to write　　writing

2 次の英文を、意味順ボックスに正しく書き写しなさい。 　3点×3

1 My hobby is to make cookies. (趣味はクッキーを作ることです。)

だれが	する／です	だれ・なに	どこ	いつ

2 Eating breakfast is very important. (朝ごはんを食べるのはすごく大事です。)

だれが	する／です	だれ・なに	どこ	いつ

3 My sister has a lot of homework to do today. (姉は今日、やるべき宿題がいっぱいだ。)

だれが	する／です	だれ・なに	どこ	いつ
				today

3 | 次の日本文を英文にしなさい。

4点×4

1 トムはサッカーを見るのが好き？

- -

2 漢字 (*kanji*) を書くのはトムには簡単です。(It を使って)

- -

3 トムはその時、本を読むのをやめた。

- -

4 トムは理科を勉強したくないんだ。

- -

4 | 次のイラストを見て、タク (Taku) の様子を3文の英語で説明しなさい。ただし、下記の3つの語句を1回ずつ使うこと。

15点

busy　　　to do　　　to play

Taku's friends

- -

- -

- -

英作文問題 ① 📄

あなたの友だちのクリス (Chris) はフィンランドに住んでいます。クリスから届いた E メールを読んで、あとの問いに答えなさい。

✉ ↩   ▼ ▲ ⊠

Hi, how are you?

It's Friday night in Finland. I have no school on Saturdays. I usually get up at seven, but I get up at six tomorrow. I have to make breakfast for my family every Saturday. On Sundays, my older sister does. My parents think cooking is important for us. <u>What will you do this weekend?</u>

Chris

---

1 次の質問の答えの文を完成させなさい。

What time does Chris get up every Saturday?

だれか	する／です	だれ・なに	どこ	いつ

     He   gets up   .

2 クリスの下線部の質問に答えるように、下のメモを参考にして、返事のメール文を完成させなさい。ただし、3 文以上で書くこと。

> ・毎週末はテニスをする
> ・今週末は雨 → 家にいる、部屋の掃除をする

Hi, Chris. Thank you for your email.

だれが	する／です	だれ・なに	どこ	いつ

Take care!

中学 3 年生のマリ（Mari）のスピーチ文を読み、あとの問いに答えなさい。

I'm in the brass band at school. I started playing the flute in the band two years ago. ①I enjoy practicing (   ) great members in the band. We have a concert in October. It will be the last one in my junior high school life. It's July now. We are practicing hard to do our best at the concert.

During the spring vacation, I couldn't join the practice because ②I (catch) a cold. I had to stay at home, so I watched *videos on the Internet. One of them is a scene of another school band. The students were playing really well. In the video, the players were practicing in their lunch break. I thought "I want to *perform like them." I talked about the video with my band members. We watched it together and started practicing in our lunch break.

③(will show / the best / we / you) performance. So please come to see us at the concert.

*video 動画　*perform 演奏する

---

1 下線部①について、（   ）に入る最も適切な語を選びなさい。

ア from　　イ of　　ウ to　　エ with

2 下線部②について、（   ）内の catch を適切な形にして書きなさい。

----

3 下線部③について、（   ）内の語句を正しい順序に並べかえなさい。ただし、文頭の文字は大文字にして書きなさい。

-- performance.

4 記事の内容に関する質問と答えになるように、空所に適切な語を書きなさい。

------------- ------------------- Mari's band start practicing in their lunch break?

— Mari wanted to perform like the other band in the video.

5 記事の内容と合うものには○を、合わないものには×をつけなさい。

(1) Mari started playing the flute this spring.　　_____

(2) Mari did not go to school during the spring vacation.　_____

(3) Mari wants the listeners to see her last performance.　_____

「〜のようだ」など〈一般動詞＋形容詞〉

「疲れている」のように状態を表すときは be 動詞を使いますが、「疲れてそうだね」と見た感じを説明する場合は一般動詞の look を使います。

| be 動詞を使った文 | ヒロはとても疲れているんだよ。 |
| look を使った文 | ヒロはとても疲れてそうだね。 |

Hiro is very tired.

Hiro looks very tired.

だれが	する／です	だれ・なに	
Hiro	is	very tired	.
ヒロは	です	とても疲れている	
Hiro	looks	very tired	.
ヒロは	〜に見える	とても疲れている	

↑ 一般動詞　　　　↑ 形容詞

be 動詞の文と同じように、だれ・なに には tired（疲れている）などの形容詞が入ります。be 動詞を使った文は「実際に疲れている」ことを表し、look を使った文は「疲れているように見える」ことを表します。

look のように、だれ・なに に形容詞を入れることができる一般動詞には、以下のようなものがあります。

become	〜になる	sound	〜（のよう）に聞こえる
feel	〜と感じる	taste	〜の味がする
get	〜の状態になる		

動詞 become は、形容詞だけでなく名詞を置くことができます。

▶2月はとても寒くなります。

だれが	する／です	だれ・なに	どこ	いつ	
It	becomes	very cold		in February	.
〈天気の It〉	〜になる	とても寒い		2月	

▶西野さんは10年前にテニスコーチになった。

だれが	する／です	だれ・なに	どこ	いつ	
Mr. Nishino	became	a tennis coach		ten years ago	.
西野さんは	〜になった	テニスコーチ		10年前に	

1 ┃ それぞれのイラストを表している形容詞を ⬚ から選びましょう。

1	2	3

-----------------　　-----------------　　-----------------

> angry　　sad　　sick

2 ┃ 日本語に合うように、（　）内の動詞を使って色付きのボックスに適切な語を補い、文を完成させましょう。動詞は適切な形にしましょう。

1 先週、体調を崩しちゃったよ。（get）

だれが	する／です	だれ・なに	どこ	いつ	
I				last week	.

2 その考えはよさそうだ。（sound）

だれが	する／です	だれ・なに	どこ	いつ	
The idea					.

3 あの女優さんは優しそうだね。（look）

だれが	する／です	だれ・なに	どこ	いつ	
That actress					.

3 ┃ 日本語に合うように、語句を並べかえて、英文をつくりましょう。

1 ユカと私は仲よしになりました。(good friends / became / Yuka and I / .)

----

2 この料理は、とっても辛いです。(tastes / this dish / very spicy / .)

----

3 波瀬先生は昨日、緊張した様子でした。(looked / nervous / yesterday / Mr. Namise / .)

「○○に□□をあげる」

「○○に□□をあげる」という文では、だれ・なに に〈人〉と〈もの〉が入ります。

▶ 5 年前、おじいちゃんが　私に　このピアノを　くれた。

だれが	する／です	だれ・なに		どこ	いつ	
My grandpa 私の祖父は	gave くれた	me 私に	this piano このピアノを		five years ago 5 年前	.

↑〈人〉　　　↑〈もの〉

だれ・なに に〈人〉と〈もの〉が入るときは、ボックスの名前のとおり、だれ ・ なに の順番で並びます (p. 16「基本 03」)。

だれ・なに に〈人〉と〈もの〉が入る動詞は決まっています。give の他には、次のようなものがあります。

send 人 もの
人に もの を送る

teach 人 もの
人に もの を教える

show 人 もの
人に もの を見せる

make 人 もの
人に もの を作る

buy 人 もの
人に もの を買う

tell 人 もの
人に もの を伝える

▶ リサは昨日　私たちに　ケーキを　作ってくれました。

だれが	する／です	だれ・なに		どこ	いつ	
Risa リサは	made 作った	us 私たちに	a cake ケーキを		yesterday 昨日	.

↑〈人〉　　　↑〈もの〉

▶ 私に　教科書を　見せて。

だれが	する／です	だれ・なに		どこ	いつ	
---	Please show どうか 見せて	me 私に	your textbook あなたの教科書を			.

↑〈人〉　　　↑〈もの〉

1 日本語に合うように、①に入る適切な動詞を [____] から選びましょう。また②に適切な代名詞を書きましょう。

1 私たちに何枚か写真を見せる ① _____ ② _____ some pictures

2 彼らにその知らせを伝える ① _____ ② _____ the news

3 私にこの時計をくれる ① _____ ② _____ this watch

> give   show   tell

2 日本語に合うように、（　）内の動詞を使って色付きのボックスに適切な語句を補い、文を完成させましょう。動詞は必要があれば、適切な形にしましょう。

1 祖母が私たちに何枚か写真を見せてくれた。 (show)

だれが	する／です	だれ・なに	どこ	いつ
My grandmother	_____	_____		.

2 僕は彼らにその知らせを伝えるつもりだ。 (tell)

だれが	する／です	だれ・なに	どこ	いつ
I	_____	_____		

3 母が先月、私にこの時計をくれた。 (give)

だれが	する／です	だれ・なに	どこ	いつ
My mother	_____	_____		last month .

3 日本語に合うように、語句を並べかえて、英文をつくりましょう。

1 渡辺先生は、私たちに社会を教えてくれています。
(social studies / teaches / us / Mr. Watanabe / .)

_____

2 吉田教授は 2006 年にこのサインを私にくれました。
(gave / in 2006 / me / this autograph / Professor Yoshida / .)

_____

「○○を△△にする」

動詞 make を使って「○○を△△にする」を表すことができます。このとき、 だれ・なに には〈人・もの〉と〈様子や状態〉を表す語句が入ります。

▶ この歌が　彼女を　有名な歌手に　した。／この歌は　私を　幸せな気分に　する。

だれが	する／です	だれ・なに		どこ	いつ	
This song この歌が	made した	her 彼女を	a famous singer （名詞）有名な歌手に			．
This song この歌が	makes する	me 私を	happy （形容詞）幸せな			．

　　　　　　　　　　　　　　　　↑〈人・もの〉　　↑〈様子や状態〉

だれ・なに に〈人・もの〉と〈様子や状態〉が入る動詞は決まっています。

keep 人・もの 様子や状態
人・もの を〜に保つ

find 人・もの 様子や状態
人・もの が〜だとわかる

call 人・もの 名前
人・もの を〜と呼ぶ

leave 人・もの 様子や状態
人・もの を〜のままにする

believe 人・もの 様子や状態
人・もの を〜だと思う

name 人・もの 名前
人・もの を〜と名づける

give（あげる）、show（見せる）などの動詞も だれ・なに に 2 つのものが入ります (p. 56「意味順 12」)。では、make や call の文とどう違うのでしょうか。

make や call の文では、 だれ・なに に入る 2 つはイコールの関係になります。

call の文 ▶ 友だちは　僕を　ケンちゃんと　呼びます。

だれが	する／です	だれ・なに		
My friends 私の友だちは	call 呼ぶ	me 私を	Ken-chan ケンちゃんと	．

■「僕」＝「ケンちゃん」

give の文 ▶ 昨年、父は　僕に　その本を　くれた。

だれが	する／です	だれ・なに		いつ	
My father 私の父は	gave くれた	me 私に	the book その本を	last year 昨年	．

■「僕」≠「その本」

1 ┃ 日本語に合うように、適切な動詞を ⬚ から選びましょう。

1 教室をきれいにしておく　————————————— our classroom clean

2 この本がおもしろいとわかる　————————————— this book interesting

3 赤ちゃんをミナと名づける　————————————— their baby Mina

> find　　keep　　name

2 ┃ 日本語に合うように、(　　)内の動詞を使って色付きのボックスに適切な語句を補い、文を完成させましょう。動詞は必要があれば、適切な形にしましょう。

1 私たちは教室をきれいにしておくべきだ。(keep)

だれが	する／です	だれ・なに	どこ	いつ
We	should			.

2 この本がおもしろいとわかりました。(find)

だれが	する／です	だれ・なに	どこ	いつ
I				.

3 小池さん夫妻は赤ちゃんをミナ (Mina) と名づけるだろう。(name)

だれが	する／です	だれ・なに	どこ	いつ
Mr. and Mrs. Koike	will			.

3 ┃ 日本語に合うように、語句を並べかえて、英文をつくりましょう。

1 私たちはそのイヌをマロンと呼んでいる。(call / the dog / we / Marron / .)

——

2 田中さんはとても親切な方だとわかるでしょう。
(find / very kind / will / you / Mr. Tanaka / .)

——

3 その知らせには驚かされました。(made / surprised / the news / us / .)

——

「○○に〜させる」

だれ・なに に、〈人・もの〉と動詞の原形が入ることもあります。この形になる動詞の１つに help （手伝う）があります。

▶ **ユウコは　私を　手伝った。**

だれが	する／です	だれ・なに	どこ	いつ	
Yuko	helped	me			.
ユウコは	手伝った	私を			

　　　　　　　　　　　　　　　　↑〈人〉

この文の だれ・なに に動詞の原形を入れると、具体的に手伝う内容を伝えることができます。

▶ **ユウコは　私が　宿題をするのを　手伝った。**

だれが	する／です	だれ・なに		どこ	いつ	
Yuko	helped	me	do my homework			.
ユウコは	手伝った	私が	宿題をするのを			

　　　　　　　　　　↑〈人〉　　↑動詞の原形

「手伝う内容」は、〈with＋名詞〉でも表現できます。

Takeshi helped me with my homework**.**

だれ・なに に〈人・もの〉と動詞の原形を入れる形になる動詞は、他に let （○○に〜させる）があります。let には許可の意味合いがあります。

▶ **加藤先生は授業中にトイレに行かせてくれた。／ワンちゃんを自由に走らせてあげて。**

だれが	する／です	だれ・なに		いつ	
Mr. Kato	let	me	go to the bathroom	during the class	.
加藤先生は	させた	私が	トイレに行く	授業中に	
---	Please let	your dog	run freely		.
	どうぞさせてください	あなたのイヌを	自由に走る		

　　　　　　　　　↑〈人・もの〉　　↑動詞の原形

練習しよう 「〈人・もの〉に～させる」など

1 日本語に合うように、①に入る適切な動詞を ┄┄ から選びましょう。また②に適切な代名詞を書きましょう。

1 彼女を手伝った　① ┄┄┄┄┄┄┄┄┄　②

2 彼を手伝うだろう　① ┄┄┄┄┄┄┄┄┄　②

3 私に～させてください　① ┄┄┄┄┄┄┄┄┄　② ┄┄┄┄ ～

4 私たちに～させない　① ┄┄┄┄┄┄┄┄┄　② ┄┄┄┄ ～

> helped
> will help
> let
> won't let

2 日本語に合うように、色付きのボックスに適切な語句を補い、文を完成させましょう。

1 今週末は彼の練習を手伝うつもりだ。

だれが	する／です	だれ・なに	どこ	いつ	
I		with his practice		this weekend	.

2 私は彼女が傘を探すのを手伝いました。

だれが	する／です	だれ・なに	どこ	いつ	
I		her umbrella			.

3 父は僕たちをゲームで遊ばせてくれないだろう。

だれが	する／です	だれ・なに	どこ	いつ	
My father		video games			.

3 日本語に合うように、語句を並べかえて、英文をつくりましょう。

1 私は妹が皿を洗うのを手伝った。(helped / I / the dishes / my sister / wash / .)

┄┄┄┄┄┄┄┄┄┄┄┄┄┄┄┄┄┄┄┄┄┄┄┄┄┄┄

2 写真を撮らせてください。(a picture / let / take / me / .)

┄┄┄┄┄┄┄┄┄┄┄┄┄┄┄┄┄┄┄┄┄┄┄┄┄┄┄

3 井上先生は私たちがオーブンを使うのを許してくれた。
(let / Ms. Inoue / the oven / use / us / .)

┄┄┄┄┄┄┄┄┄┄┄┄┄┄┄┄┄┄┄┄┄┄┄┄┄┄┄

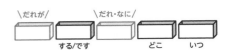

「…に○○がある」〈There is〔are〕～ .〉

「…に○○がある」と、物の存在や場所を説明するときは、There is〔are〕～ を使います。

▶私の机の上に、赤ペンが１本あるよ。／この町には３つの高校があるよ。

だれが	する／です	だれ・なに	どこ	いつ	
There 〈存在の There〉	is ある	a red pen １本の赤ペンが	on my desk 私の机の上に		.
There 〈存在の There〉	are ある	three high schools ３つの高校が	in this city この町に		.

⬆is か are かは… ⬆ここが単数か複数で決まる

だれが の There には特に意味はなく、〈存在の There〉とします。
There is〔are〕～ の文で be 動詞を is にするか are にするかは、
だれ・なに に入るもので決まります。a red pen は単数なので is、
three high schools は複数なので are になります。

Tokyo Skytree（東京スカイツリー）や Tom（トム）などの固有名詞の場所を説明する場合は
There is〔are〕～ の文は使いません。これらを だれが に入れた be 動詞の文を使います。

Tokyo Skytree **is in Sumida-ku.**（東京スカイツリーは墨田区にあります。）

Tom **is in his room.**（トムは自分の部屋にいます。）

There is〔are〕～ の文の否定文は、be 動詞に not をつけます。疑問文は be 動詞を先頭の
はてな に移動します。

否定文 ▶ このあたりには新しい建物はありません。
疑問文 ▶ このあたりにトイレはありますか。

はてな	だれが	する／です	だれ・なに	どこ	いつ	
---	There 〈存在の There〉	are not ありません	new buildings 新しい建物が	around here このあたりは		.
Is ある?	there 〈存在の there〉	はてなに移動	a bathroom トイレが	around here このあたりに		?

Is there ～? とたずねられたら、Yes, there is. / No, there isn't. と答えます。

1 ┃ 日本語に合うように、適切な語句を ▭ から選びましょう。

1 〜に１枚の大きな写真がある　There ＿＿＿＿＿＿ a large picture 〜.

2 〜にいくつか休憩所がある　There ＿＿＿＿＿ some rest areas 〜.

3 〜にアイスが１つもない　There ＿＿＿＿＿ any ice cream bars 〜.

> is　　are　　are not

2 ┃ 日本語に合うように、色付きのボックスに適切な語句を補い、文を完成させましょう。

1 このショッピングセンターにはいくつかの休憩所があります。

だれが	する／です	だれ・なに	どこ	いつ
			in this shopping mall	.

2 リビングには１枚の大きな写真があります。

だれが	する／です	だれ・なに	どこ	いつ
			in the living room	.

3 冷蔵庫にアイスが１つもない。

だれが	する／です	だれ・なに	どこ	いつ
			in the refrigerator	.

3 ┃ 日本語に合うように、語句を並べかえて、英文をつくりましょう。

1 日本には四季があります。(are / four seasons / in Japan / there / .)

2 その図書館には、新しい本はたくさんありますか。
(are / in the library / many new books / there / ?)

3 この駅には自動販売機がありますか。
(any vending machines / are / in this station / there / ?)

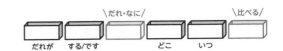

意味順 16

「○○より…だ」〈形容詞の比較級〉

「○○より…だ」と、2つの〈人・もの〉の特徴を比べるときは、 だれ・なに に形容詞の比較級を入れます。比較級は、形容詞の語尾に er をつけます。

longer（もっと長い）　harder（もっと難しい・かたい）　smaller（もっと小さい）

older（もっと古い）　newer（もっと新しい）　lighter（もっと軽い）

比べる相手は「～よりも」という意味の than を使って表します。通常のボックスに「比べる」というボックスを追加して入れます。

▶ **ケンジは伊藤先生より背が高い。**

追加！

だれが	する／です	だれ・なに	どこ	いつ	比べる	
Kenji	is	taller			than Mr. Ito	.
ケンジは	です	もっと背が高い			伊藤先生よりも	

⬆比較級　⬆比べる相手

2 段で示すと比べるものが だれが に入ります。

比べる	だれが	する／です	だれ・なに	どこ	いつ
---	Kenji	is	taller		
	ケンジは	です	もっと背が高い		
than	Mr. Ito				.
～よりも	伊藤先生				

比べるものを言わなくてもわかる場合は than 以下を省略することもあります。

▶ **僕のラケットはきみのより新しい。こっちのは（僕のより）もっと新しい。**

My racket is newer than yours. **This is newer** (than mine).

⬆はじめの文で「僕のラケット」と比べていることがわかっているので than mine は省略できる。

疑問詞 which を使って、「2 つのうちのどちらがより…か」とたずねることもできます。「選択肢」というボックスを追加し、or を使って選択肢を示します。

▶ **赤いかばんと青いかばんでは、どっちのほうが軽いの？**

追加！

はてな	だれが	する／です	だれ・なに	どこ	いつ	選択肢	
Which	---	is	lighter,			the red bag or the blue one	?
どちら？		です	もっと軽い			赤いかばん　それとも　青いかばん	

答え方は、**The red one is.** となります。

1 ┃ 次の形容詞の比較級を書きましょう。

1 tall （背の高い）

2 old （年をとった）

3 hard （つらい、苦しい）

4 new （新しい）

5 high （高い）

6 long （長い）

2 ┃ 日本語に合うように、色付きのボックスに適切な語句を補い、文を完成させましょう。

1 弟（my brother）は私より背が高いんだ。

だれが	する／です	だれ・なに	どこ	いつ	比べる	
					I	

2 今日の練習（today's practice）は昨日のよりもきつい。

だれが	する／です	だれ・なに	どこ	いつ	比べる	
					yesterday's	

3 私の自転車（my bicycle）は姉のより新しい。

だれが	する／です	だれ・なに	どこ	いつ	比べる	
					my sister's	

3 ┃ 日本語に合うように、語句を並べかえて、英文をつくりましょう。

1 私のほうがあなたより年上ですよ。（ am / I / older / you / than / . ）

2 きみの点数のほうが私のより高いね。（ higher / is / mine / than / your score / . ）

3 春休みのほうが冬休みより長いね。
（ longer / is / spring vacation / than / winter vacation / . ）

「いちばん…だ」〈形容詞の最上級〉

　「いちばん…だ」と３つ以上のものを比べるときは、 だれ・なに に形容詞の最上級を入れます。最上級は、形容詞の語尾に est をつけます。また、最上級の前には the が必要です。

the tallest （いちばん 背が高い）　　the newest （いちばん新しい）

the oldest （いちばん古い）　　the longest （いちばん長い）

「どんな範囲（はんい）でいちばんなのか」という比べる範囲は どこ に入れます。

▶ ケイの車は、その３台の中で　いちばん小さい。

だれが	する/です	だれ・なに	どこ	いつ	
Kei's car ケイの車は	is です	the smallest いちばん小さい	of the three その３台の中で		

↑ 比べる範囲

比べる範囲は、of や in を使って表します。

of the six （6人の中で）　　in the world 　（世界中で）

of all （全部の中で）　　in the school 　（この学校で）

↑ ofは数字やallと一緒に使う　　↑ inは場所や範囲を表す言葉と使う

だれが	する/です	だれ・なに	どこ	いつ	
Kazuki カズキは	is です	the tallest いちばん背が高い	in this school この学校で		
This bag このバッグが	is です	the lightest いちばん軽い	of all 全部の中で		

　形容詞の最上級と名詞を組み合わせて the highest tower （いちばん高いタワー）のようなカタマリをつくって、 だれ・なに に入れることもできます。

だれが	する/です	だれ・なに	どこ	いつ	
Tokyo Skytree 東京スカイツリーは	is です	the highest tower いちばん高いタワー	in Japan 日本で		

1 次の形容詞の最上級を書きましょう。

1 tall （背の高い）

2 small （小さい）

3 young （若い、年少の）

4 short （短い）

5 new （新しい）

6 old （古い、年をとった）

2 日本語に合うように、色付きのボックスに適切な語句を補い、文を完成させましょう。

1 僕のスマホ（my smartphone）が家族の中でいちばん新しい。

だれが	する／です	だれ・なに	どこ	いつ
			in my family	.

2 アイネ（Aine）が家族の中でいちばん年下だ。

だれが	する／です	だれ・なに	どこ	いつ
			in her family	.

3 香川（Kagawa）は日本でいちばん小さい県です。

だれが	する／です	だれ・なに	どこ	いつ
		prefecture	in Japan	.

3 日本語に合うように、語句を並べかえて、英文をつくりましょう。

1 どの動物がいちばん背が高いですか。（ animal / is / which / the tallest / ? ）

2 キリンが世界でいちばん背の高い動物だ。
（ are / giraffes / in the world / the tallest animals / . ）

3 本校は市内11校の中でいちばん古いです。
（ in this city / is / of the eleven / our school / the oldest / . ）

意味順 **18**

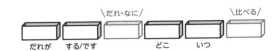

\だれ・なに/　　　　　\比べる/

だれが　する/です　　　　どこ　いつ

動作の様子を比べる〈副詞の比較級・最上級〉

fast（速く）や hard（熱心に）は、「どんなふうに~する」のかを説明する副詞です。副詞は だれ・なに に入ります (p. 16「基本 03」)。副詞も形容詞と同様に比較級・最上級にすることができます。比較級には −er、最上級には −est をつけます。

速く fast − faster − farstest　　熱心に hard − harder − hardest
大声で loud − louder − loudest　　高く high − higher − highest

比較級の文 トシはシュンより速く走るよ。

だれが	する／です	だれ・なに	どこ	いつ	比べる	
Toshi	runs	faster			than Shun	.
トシは	走る	もっと速く			シュンよりも	

最上級の文 トシはクラスでいちばん速く走る。

だれが	する／です	だれ・なに	どこ	いつ	
Toshi	runs	(the) fastest	in his class		.
トシは	走る	いちばん速く	クラスで		

⬆ 副詞の最上級は前につける the が省略されることもある

疑問詞 which を使って、「2 つのうちどちらがより~するのか」とたずねることもできます。

▶ウサギとネコでは、どちらのほうが高く跳べるの？

はてな	だれが	する／です	だれ・なに	どこ	いつ	選択肢	
Which	---	can jump	higher,			rabbits or cats	?
どちら？		跳ぶことができる	もっと高く			ウサギ それとも ネコ	

だれ・なに ボックスに〈人〉や〈もの〉が入ることもあります。

▶ナナはチームでいちばん熱心にテニスを練習するんだよ。

だれが	する／です	だれ・なに		どこ	いつ	
Nana	practices	tennis	hardest	in her team		.
ナナは	練習する	テニスを	いちばん熱心に	チームで		

⬆〈もの〉　⬆ 副詞

1 日本語に合うように、副詞を適切な形にしましょう。

1 もっと速く泳ぐ (fast) swim _____

2 もっと熱心に練習する (hard) practice _____

3 いちばん早く食事を出す (fast) serve _____

4 いちばん熱心に勉強する (hard) study _____

2 日本語に合うように、色付きのボックスに適切な語句を補い、文を完成させましょう。（　）内の動詞を必要があれば、適切な形にして使いましょう。

1 入江陵介 (Irie Ryosuke) 選手は私よりもっと速く泳ぐ。 (swim)

だれが	する／です	だれ・なに	どこ	いつ	比べる
					than I .

2 ミユキ (Miyuki) はクラスでいちばん熱心に勉強しています。 (study)

だれが	する／です	だれ・なに	どこ	いつ	比べる
			in her class		.

3 日本語に合うように、語句を並べかえて、英文をつくりましょう。

1 僕はきみより英語の発音練習をがんばっているよ。

(English pronunciation / harder / I / practice / than / you / .)

_____

2 このレストランがこの階でいちばん早くお昼ご飯を出してくれる。

(on this floor / serves lunch / the fastest / this restaurant / .)

_____

3 必要以上に大きな声で話す必要はありません。

(don't have to / than necessary / speak louder / you / .)

_____

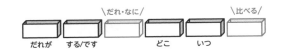

比較級・最上級のつくり方

比較級・最上級は基本的に語尾（単語の最後）に er や est をつけます。しかし、少し違った形になることもあります。

❶ r/st をつける   cute – cuter – cutest（かわいい）他に late（遅い）など

❷ y→ier/iest をつける   happy – happier – happiest（幸せな）他に busy（忙しい）など

❸ 最後の文字を重ねて er/est   hot – hotter – hottest（暑い）他に big（大きい）など

また、比較的つづりの長い形容詞や副詞は、語尾に er や est をつけるのではなく、単語はそのままで前に more / most をつけます。

❀ **more/most** を使う形容詞・副詞 ❀

useful（役に立つ）	beautiful（美しい）	wonderful（素晴らしい）
famous（有名な）	dangerous（危険な）	delicious（おいしい）
interesting（おもしろい）	difficult（難しい）	slowly（ゆっくりと）

だれが	する／です	だれ・なに	どこ	いつ	比べる	
Shun シュンは	runs 走る	more slowly もっとゆっくり			than Toshi トシより	..
Math 数学は	is です	the most difficult いちばん難しい	of the nine subjects 9教科の中で		---	..

また、比較級・最上級の形が全く違う形に変化するものもあります。

good（よい）/ well（上手な）– better – best
bad（悪い）– worse – worst
many（たくさん）/ much（たくさん）– more – most

だれが	する／です	だれ・なに		どこ	いつ	比べる	
Natsumi ナツミは	cooks 料理する	better もっと上手に				than her mother 彼女の母より	..
I 私は	like 好きだ	summer 夏が	better もっと			than winter 冬より	..

練習しよう　いろいろな比較級・最上級

1 ┃ 1 ～ 3 は、比較級・最上級をそれぞれ書きましょう。4 ～ 6 は日本語の意味に合うように空所に適切な語を書きましょう。

1 上手に well / ＿＿＿＿＿＿ / ＿＿＿＿＿＿　　**2** 悪い bad / ＿＿＿＿＿＿ / ＿＿＿＿＿＿

3 たくさんの many / ＿＿＿＿＿＿ / ＿＿＿＿＿＿

4 もっと大切な ＿＿＿＿＿＿ precious　　**5** いちばん有名な ＿＿＿＿＿＿ famous

6 いちばん美しい ＿＿＿＿＿＿ beautiful

2 ┃ 日本語に合うように、色付きのボックスに適切な語句を補い、文を完成させましょう。

1 これ (this) は、人生で最悪の点数だ。

だれが	する／です	だれ・なに	どこ	いつ	比べる	
＿＿＿	＿＿＿	score	in my life	＿＿＿	＿＿＿	.

2 テツヤ (Tetsuya) はクラスでいちばん上手にピアノを弾く。

だれが	する／です	だれ・なに	どこ	いつ	比べる	
＿＿＿	＿＿＿	＿＿＿	in his class	＿＿＿	＿＿＿	.

3 時間 (time) は、お金よりも大切です。

だれが	する／です	だれ・なに	どこ	いつ	比べる	
＿＿＿	＿＿＿	＿＿＿	＿＿＿	＿＿＿	money	.

3 ┃ 日本語に合うように、語句を並べかえて、英文をつくりましょう。

1 今年は去年より雨が多い。(have / last year / more rain this year / than / we / .)

＿＿＿＿＿＿＿＿＿＿＿＿＿＿＿＿＿＿＿＿＿＿＿＿＿＿＿＿＿＿＿＿＿＿

2 富士山は日本でいちばん美しい山です。
(in Japan / is / Mt. Fuji / the most beautiful mountain / .)

＿＿＿＿＿＿＿＿＿＿＿＿＿＿＿＿＿＿＿＿＿＿＿＿＿＿＿＿＿＿＿＿＿＿

3 マルク・シャガール (Marc Chagall) はフランスでいちばん有名な画家です。
(in France / is / the most famous artist / Marc Chagall / .)

＿＿＿＿＿＿＿＿＿＿＿＿＿＿＿＿＿＿＿＿＿＿＿＿＿＿＿＿＿＿＿＿＿＿

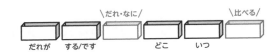
「○○と同じくらい…だ」〈as ... as〉

　誰かや何かと比べて「同じくらい…だ」を表すときには〈as ＋形容詞・副詞＋ as〉という表現を使います。このとき、形容詞・副詞の形は変化しません。変化しない形を原級といいます。

形容詞の文　うちのイヌは、ジュンのネコと同じくらいの歳です。

比べる	だれが	する/です	だれ・なに	どこ	いつ	
---	My dog 私のイヌは	is です	as old 同じくらいの年齢			
as と	Jun's cat ジュンのネコ					．

副詞の文　ゲンキは私と同じくらい熱心にサッカーを練習する。

比べる	だれが	する/です	だれ・なに		どこ	いつ	
---	Genki ゲンキは	practices 練習する	soccer サッカーを	as hard 同じくらい熱心に			
as と	I [me] 私						．

⬆ 代名詞は だれが 形でも だれ・なに 形でも OK（話し言葉では だれ・なに 形が自然）

1段で示すと以下のようになります。

だれが	する/です	だれ・なに		どこ	いつ	比べる	
My dog 私のイヌは	is です	as old 同じくらいの年齢				as Jun's cat ジュンのネコと	．
Genki ゲンキは	practices 練習する	soccer サッカーを	as hard 同じくらい熱心に			as I [me] 私と	．

　また、〈as ... as〉の文は、否定文にすると「○○ほど…ではない」という意味になります。

▶ **この本はあの本ほどおもしろくはない。**

だれが	する/です	だれ・なに	どこ	いつ	比べる	
This book この本は	is not ではない	as interesting 同じくらいおもしろい			as that book あの本と	．

練習しよう　as … as

1｜日本語に合うように、░░░から適切な形容詞を選び必要な語を補い、空所に書きましょう。

1 ～と同じくらいの身長 　｜　｜　～

2 ～と同じくらい大きい 　｜　｜　～

3 ～と同じくらい上手 　｜　｜　～

4 ～と同じくらい暑い 　｜　｜　～

5 ～と同じくらい難しい 　｜　｜　～

| big |
| difficult |
| hot |
| tall |
| well |

2｜日本語に合うように、色付きのボックスに適切な語句を補い、文を完成させましょう。

1 うちのイヌ (my dog) はきみのイヌと同じくらいの大きさだよ。

だれが	する／です	だれ・なに	どこ	いつ	比べる	
					yours	.

2 丸田コーチ (Coach Maruta) は錦織圭選手と同じくらい上手にテニスをします。

だれが	する／です	だれ・なに	どこ	いつ	比べる	
					Nishikori Kei	.

3 この問題 (this question) は、あちらほど難しくない。

だれが	する／です	だれ・なに	どこ	いつ	比べる	
					that one	.

3｜日本語に合うように、語句を並べかえて、英文をつくりましょう。

1 私の母は私と同じくらいの身長です。(as I / as tall / is / my mother / .)

2 この家はあちらの家と同じくらいの年数です。(as that one / as old / is / this house / .)

3 今日は昨日ほど暑くない。(as hot / as yesterday / is / it / not / .)

リスニング問題 ② 🔊

1 会話とその内容についての質問を聞いて、答えとして最も適切なものを選択肢から選び、答えの文を完成させなさい。

No. 1

 under the chair

 on the chair

 on the table

 under the table

だれが	する／です	だれ・なに	どこ	いつ

He　　　found　　　　　it

No. 2

 picture A

 picture B

 picture C

 picture D

だれが	する　です	だれ・なに	どこ	いつ

They　　are looking at

2 会話を聞いて、それぞれの会話の最後の発言に対する応答として、最も適切なものを選びなさい。

No. 1　ア　It sounds fun.

イ　I can eat Japanese food.

ウ　What time did it start?

No. 2　ア　What time did you come here?

イ　Did you watch the movie?

ウ　I'm afraid that the train was late.

No. 3　ア　I don't think it is nice.

イ　This is a birthday present from my brother.

ウ　Do you think this is a new T-shirt?

サキ (**Saki**) とオーストラリアからの留学生マイク (**Mike**) が話しています。2 人の会話文を読み、あとの問いに答えなさい。

Saki: Are you OK, Mike? You look very thirsty.

Mike: Yes, I am. ①(anything / do / have / to drink / you)? It's too hot today! I want to go back to Australia right now.

Saki: Australia? Why?

Mike: It's (　②　) there now. July is the coldest month in Sydney.

Saki: Oh, I see.

Mike: August is the hottest month in Tokyo, but December and January are the hottest in Sydney.

Saki: The seasons *are reversed between Japan and Australia.

Mike: That's right. So we have Christmas in summer.

Saki: ③It sounds interesting! What do you do on Christmas?

Mike: We have a Christmas party on the beach and enjoy *barbecuing with family and friends. It is a lot of fun! There are many beautiful beaches in my town. So you can enjoy swimming or diving.

Saki: That's really nice.

*are reversed 逆になる　*barbecuing バーベキューをする

---

1 下線部①について、(　　) 内の語句を正しい順序に並べかえなさい。ただし、文頭の文字は大文字にして書きなさい。

- -

2 会話文の流れに合うように、②に入る最も適切なものを選びなさい。

ア spring　　イ summer　　ウ autumn　　エ winter

3 下線部③の It が指すことを日本語で説明しなさい。

- -

4 会話文の内容と合うものを 1 つ選びなさい。

ア Japan is not as hot as Australia in summer.

イ December is the coldest month in Sydney.

ウ People enjoy Christmas outdoors in Australia.

エ People often swim at the beach in July in Australia.

「〜される」① 〈受け身〉

　「〜される [された]」という表現を受け身（受動態）といいます。例えば、「英語は世界中で話されています」「この家は 50 年前に建てられました」のように、「誰が話しているか」「誰が建てたか」を特に伝える必要がない場合などに、「〜される [された]」側を主語にした受け身の文を使います。

　受け身の文では、 する／です に be 動詞と動詞の過去分詞が入ります。受け身の文を過去形にする場合は、be 動詞を過去形にします。

だれが	する／です	だれ・なに	どこ	いつ	
English 英語は	is spoken 話される		around the world 世界中で		．
This house この家は	was built 建てられた			50 years ago 50 年前に	．

⬆ される [された] 側が主語　　⬆ be 動詞＋過去分詞

　過去分詞は動詞の変化形の 1 つです。規則動詞は過去形と同様に語尾に **ed[d]** がつきます。不規則動詞は過去形と違う形に変化するものもあります。(p.143「不規則動詞変化表」)

● 不規則動詞の変化の例

原形	過去形	過去分詞	原形	過去形	過去分詞
break	broke	broken	sing	sang	sung
build	built	built	speak	spoke	spoken
have	had	had	take	took	taken

　「誰によって〜されたのか」を伝える場合は、 だれ・なに に **by 〜** を入れます。英語では だれが が文の主役で話題の中心です。下の 2 つの文では、上は「ミキ」、下は「僕のコンピュータ」が話題の中心です。

Miki broke my computer.

My computer was broken by Miki.

だれが	する／です	だれ・なに	
Miki ミキは	broke 壊した	my computer 僕のコンピュータを	．
My computer 私のコンピュータは	was broken 壊された	by Miki ミキに	．

1 ｜ 日本語に合うように、（　　）の動詞の変化形を使って空所に適切な語を書きましょう。

1 これらの写真は〜に撮られた (take)　These pictures ＿＿＿＿＿ ＿＿＿＿＿ by 〜

2 英語は〜で話されている (speak)　English ＿＿＿＿＿ ＿＿＿＿＿ in 〜

3 この大学は〜に建てられた (build)　This university ＿＿＿＿＿ ＿＿＿＿＿ by 〜

2 ｜ 日本語に合うように、（　　）内の動詞を使って色付きのボックスに適切な語句を補い、文を完成させましょう。

1 スペイン語 (Spanish) は、アメリカでも話されている。（speak）

だれが	する／です	だれ・なに	どこ	いつ
			in the United States, too	．

2 このお城 (this castle) は、1928 年に建設されました。（build）

だれが	する／です	だれ・なに	どこ	いつ
				in 1928 ．

3 日本語 (Japanese) は、海外で多くの人に学ばれている。（learn）

だれが	する／です	だれ・なに	どこ	いつ
			in foreign countries	．

3 ｜ 日本語に合うように、語句を並べかえて、英文をつくりましょう。

1 この歌は世界中で歌われています。(around the world / is sung / this song / .)

＿＿＿＿＿＿＿＿＿＿＿＿＿＿＿＿＿＿＿＿＿＿＿＿＿＿＿＿＿＿

2 その写真 (the picture) は星野道夫さんに撮られたものです。
(by Hoshino Michio / the picture / was taken / .)

＿＿＿＿＿＿＿＿＿＿＿＿＿＿＿＿＿＿＿＿＿＿＿＿＿＿＿＿＿＿

3 この大学は 1918 年、新渡戸稲造によって設立された。
(by Nitobe Inazo / in 1918 / this university / was founded / .)

＿＿＿＿＿＿＿＿＿＿＿＿＿＿＿＿＿＿＿＿＿＿＿＿＿＿＿＿＿＿

する／です

| だれが | だれ・なに | どこ | いつ |

「～される」② 〈受け身：否定・疑問〉

受け身の文を、「～されていない」という否定文にするときは、 する／です の be 動詞に not をつけます。

現在の文 英語は多くの国で話されています。／日本語はこの国では話されていません。

だれが	する／です	だれ・なに	どこ	いつ	
English 英語は	is spoken 話されています		in many countries 多くの国で		.
Japanese 日本語は	isn't spoken 話されていない		in this country この国では		.

過去の文 当時は、その映画は多くの人には好まれませんでした。

だれが	する／です	だれ・なに	どこ	いつ	
The movie その映画は	wasn't liked 好まれなかった	by many people 多くの人々に		at that time その頃	.

「～されていますか」と疑問文にするには、be 動詞を先頭の はてな に移動します。過去分詞はそのまま する／です に残ります。

現在の文 日本語はこの国で話されています。／あなたの国では日本語が話されているの？

はてな	だれが	する／です	だれ・なに	どこ	いつ	
---	Japanese 日本語は	is spoken 話されている		in this country この国で		.
Is ですか？	Japanese 日本語は	spoken 話されている		in your country あなたの国で		?

↑ be 動詞は移動   ↑ 過去分詞は残る

Is の疑問文なので答えるときは，Yes, it is. / No, it isn't. と答えます。

過去の文 当時、その映画は多くの人に好まれていましたか。

はてな	だれが	する／です	だれ・なに	どこ	いつ	
Was でしたか？	the movie その映画は	liked 好まれる	by many people 多くの人々に		at that time その頃	?

Was の疑問文なので、Yes, it was. / No, it wasn't. と答えます。

1 | 日本語に合うように、（　　）の動詞の変化形を使って空所に適切な語を書きましょう。

1 この本は〜に出版されなかった（publish）

This book ＿＿＿＿＿＿＿＿＿＿＿＿　＿＿＿＿＿＿＿＿＿＿＿＿＿＿＿＿＿ in 〜 .

2 これらの絵は〜によって描かれましたか？（draw）

＿＿＿＿＿＿＿＿＿ these pictures ＿＿＿＿＿＿＿＿＿＿＿＿＿＿＿＿ by 〜?

2 | 日本語に合うように、（　　）内の動詞を使って色付きのボックスに適切な語句や符号を補い、文を完成させましょう。

1 この本は 2019 年に出版されなかった。（publish）

だれが	する／です	だれ・なに	どこ	いつ	
				in 2019	.

2 これらの絵はピカソによって描かれたものですか。（draw）

はてな	だれが	する／です	だれ・なに	どこ	いつ	
			by Picasso			

3 このお店は、1996 年に開店されたのですか？（open）

はてな	だれが	する／です	だれ・なに	どこ	いつ	
				in 1996		

3 | 日本語に合うように、語句を並べかえて、英文をつくりましょう。

1 この型のコンピュータは今は使われていません。
(computer / isn't used / now / this type of / .)

＿＿＿＿＿＿＿＿＿＿＿＿＿＿＿＿＿＿＿＿＿＿＿＿＿＿＿＿＿＿＿＿＿＿＿＿＿

2 この寿司屋では、英語でメニューが書かれていますか？
(in this sushi bar / in English / is / the menu / written / ?)

＿＿＿＿＿＿＿＿＿＿＿＿＿＿＿＿＿＿＿＿＿＿＿＿＿＿＿＿＿＿＿＿＿＿＿＿＿

3 インドでは何語が話されているの？　(in India / is / spoken / what language / ?)

＿＿＿＿＿＿＿＿＿＿＿＿＿＿＿＿＿＿＿＿＿＿＿＿＿＿＿＿＿＿＿＿＿＿＿＿＿

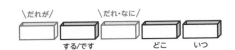

「〜している○○」「〜された○○」〈現在分詞・過去分詞〉

loved や taken などの過去分詞は、be 動詞と一緒に使い、「〜される」という受け身の文をつくります (p. 76「意味順21」、p. 78「意味順22」)。

This picture was taken 20 years ago. (この写真は20年前に撮影された。)

過去分詞には「〜される」という意味があるので、「割られた窓」「日本人に愛されている歌手」のように「〜される [された] ○○」という名詞のカタマリをつくることができます。

a broken window (割られた窓＝割れた窓)

a singer loved by Japanese people (日本人に愛されている歌手)

    ⬆ 過去分詞の後ろに説明する語句が続く場合は、名詞の後ろから説明します。

できあがった名詞のカタマリは、 だれが や だれ・なに で使います。

だれが	する／です	だれ・なに		どこ	いつ	
Misora Hibari 美空ひばりは	is です	a singer loved by Japanese people 日本人に愛されている歌手				.

また、be 動詞と動詞の 〜ing 形を組み合わせると「〜しているところだ」「しているところだった」という進行形になります。

Takashi is playing soccer now. (タカシは今サッカーをしてるところだよ。)

進行形で使う動詞の 〜ing 形を現在分詞といいます。現在分詞には「〜している」という意味があるので、「走っている男の子」のように「〜している○○」という名詞のカタマリをつくることができます。

a running girl (走っている女の子)

a girl running over there (向こうで走っている女の子)

    ⬆ 現在分詞の後ろに説明する語句が続く場合は、名詞の後ろから説明します。

だれが	する／です	だれ・なに	どこ	いつ	
I 私は	saw 見た	a running girl 走っている女の子を		last night 昨夜	.
The girl running over there 向こうで走っている女の子は	is です	Tomomi トモミ			.

1 日本語に合うように、（　　）の動詞の変化形を使って空所に適切な語を書きましょう。

1 ギターを弾いている男性（play）　a man _____ the guitar

2 輸入された車（import）　an _____ car

3 母が撮ってくれた写真（take）　pictures _____ by my mother

2 日本語に合うように（　　）内の動詞を使って、色付きのボックスに適切な語を補いましょう。

1 ギターを弾いている男性は、木根さんです。（play）

だれが		する／です	だれ・なに	どこ	いつ	
The man	the guitar	is	Mr. Kine			．

2 僕は母が撮ってくれた写真が好きなんだ。（take）

だれが	する／です	だれ・なに		どこ	いつ	
I	like	pictures	by my mother			．

3 姉は先月、中古の車を買った。（use）

だれが	する／です	だれ・なに		どこ	いつ	
My sister	bought	a	car		last month	．

3 日本語に合うように、語句を並べかえて、英文をつくりましょう。

1 ステージ上で歌っている女性は、白石麻衣さんです。

(is / on the stage / singing a song / the lady / Shiraishi Mai / .)

_____

2 渡辺先生は輸入車を所有している。(an imported car / has / Mr. Watanabe / .)

_____

3 なんで壊れた時計を持っているの？(a broken watch / do / have / why / you / ?)

_____

1 英文が完成するように、_____ 内に適する語を下の ⌐⌐⌐ の中から選んで書きなさい。

2点 × 5

1 I am _____ than my father now.

2 There is a bank _____ the station.

3 This car was _____ in the U.K.

4 Ms. Kubo _____ us music at school.

5 Mt. Fuji is the _____ mountain in Japan.

> highest   made   near   taller   taught

2 次の英文を、意味順ボックスに正しく書き写しなさい。

3点 × 4

1 Tom wrote a letter. （トムは手紙を書いた。）

だれが	する／です	だれ・なに	どこ	いつ	

2 Tom sent me an email. （トムは私に E メールを送った。）

だれが	する／です	だれ・なに	どこ	いつ	

3 Tom calls me So-kun. （トムは僕のことを「ソウくん」と呼ぶ。）

だれが	する／です	だれ・なに	どこ	いつ	

4 Tom helped his brother make cookies. （トムは弟がクッキーを作るのを手伝った。）

だれが	する／です	だれ・なに	どこ	いつ	

3 │ 次の日本文を英文にしなさい。

4点×3

1 私はトムと同じくらいの年齢です。

_____

2 トムはクラスでいちばん速く走れます。

_____

3 トムはみんなから愛されています。

_____

4 窓の近くで本を読んでいるあの男の子がトムです。

_____

4

学校で英語新聞を作り、日本の有名な建築物を紹介します。次の情報を参考にして、法隆寺を紹介する英文を4文で書きなさい。2文は受け身の表現を使いなさい。

16点

法隆寺（Horyu-ji）
建立：607年
所在地：奈良県
・日本最古の寺院の1つ
・木造
・多くの観光客が訪れる

_____

_____

_____

_____

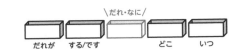

「〜の仕方」〈how to + 動詞の原形〉

疑問詞 how と〈to + 動詞の原形〉を組み合わせると、「どのように〜するか」「〜の仕方」という意味になります。名詞のカタマリとして主に だれ・なに に入れることができます。

▶ 弟はギターの弾き方を知っている。

だれが	する／です	だれ・なに	どこ	いつ	
My brother 私の弟は	knows 知っている	how to play the guitar どのようにギターを弾くのか			.

⬆ 〈how to +動詞の原形〉

だれ・なに に入る〈how to + 動詞の原形〉は、する／です に入る know や learn、remember などの動詞とともによく使われます。また、それらを否定や疑問の形にして、以下のように組み合わせることができます。

I know
(私は知っています)

He didn't learn
(彼は学ばなかった)

Do you remember
(覚えていますか?)

+

how to play the guitar
(ギターの弾き方)

how to go to the station
(駅への行き方)

how to use this phone
(この電話の使い方)

▶ 私は子どもの頃泳ぎ方を学びませんでした。

だれが	する／です	だれ・なに	どこ	いつ	
I 私は	didn't learn 学ばなかった	how to swim どのように泳ぐのか		in my childhood 子どもの頃	.

▶ お好み焼きの作り方知ってる?

はてな	だれが	する／です	だれ・なに	どこ	いつ	
Do しますか?	you あなたは	know 知っている	how to cook *okonomiyaki* どのようにお好み焼きを調理するか			?

答えるときは、

Yes, I do. / No, I don't.

になります。

1 日本語に合うように動詞を ┌┄┐ から選び、適切な語を補って空所に書きましょう。

1 使い方

2 読み方

3 支払い方

4 洗い方

pay　read　use　wash

2 日本語に合うように色付きのボックスに適切な語句や符号を補い、文を完成させましょう。

1 そのアプリ (app) の使い方なら知っています。

だれが	する／です	だれ・なに	どこ	いつ	

2 おじいちゃん (my grandfather) はチェス (chess) の遊び方を知っているよ。

だれが	する／です	だれ・なに	どこ	いつ	

3 このお店での支払い方、わからないや。

だれが	する／です	だれ・なに	どこ	いつ	
		at this shop			

4 この漢字 (kanji) の読み方、知っている?

はてな	だれが	する／です	だれ・なに	どこ	いつ	

3 日本語に合うように、語句を並べかえて、英文をつくりましょう。

1 カニ料理を習いたいな。(crab dishes / how to cook / I / want to learn / .)

2 セーターの洗い方、忘れちゃった。(forgot / how to wash / I / the sweater / .)

3 この単語の読み方、覚えている?(do / how to read / remember / this word / you / ?)

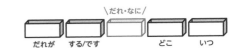

〈疑問詞 ＋ to ＋ 動詞の原形〉

〈how to ＋ 動詞の原形〉と同じように what や when などの疑問詞に〈to ＋ 動詞の原形〉を組み合わせて、「何を〜するべきか」「いつ〜するべきか」という名詞のカタマリをつくることができます。

what to	＋	動詞の原形	何を〜すべきか
when to	＋	動詞の原形	いつ〜すべきか
where to	＋	動詞の原形	どこで〜すべきか

これらの名詞のカタマリは、主に だれ・なに で使います。

はてな	だれが	する／です	だれ・なに	どこ	いつ	
---	I 私は	know 知っている	what to eat for breakfast 何を朝食に食べるべきか			.
---	I 私は	didn't know 知らなかった	when to get off the bus いつバスを降りるべきか			.
Do ですか？	you あなたは	know 知っている	where to put these books どこにこれらの本を置くべきか			?

また、tell や show は、 だれ・なに に〈人〉と〈疑問詞 ＋ to ＋動詞の原形〉の両方を入れることができます。

▶ 私に　京都でどこを訪れるべきか　教えて。

だれが	する／です	だれ・なに		どこ	いつ	
---	Please tell どうぞ 教えて	me 私に	where to visit in Kyoto 京都でどこを訪れるべきか			.

↑〈人〉　　↑〈where to ＋ 動詞の原形〉

▶ お医者さんは　彼に　いつ薬をやめるべきかを　示した。

だれが	する／です	だれ・なに		どこ	いつ	
The doctor 医者は	showed 示した	him 彼に	when to stop the medicine いつ薬をやめるべきか			.

↑〈人〉　　↑〈when to ＋ 動詞の原形〉

1 | 次の文の中から 3 語以上の名詞のカタマリを見つけて ⬭ で囲み、日本語にしましょう。

例　I asked Miki | where to eat lunch |.

（ どこで昼ご飯を食べるべきか　　　　　　　　　　　　　　　　　　）

1　Mr. Kato knows how to play *shogi*.

（　　　　　　　　　　　　　　　　　　　　　　　　　　　　　）

2　I didn't know where to buy a ticket.

（　　　　　　　　　　　　　　　　　　　　　　　　　　　　　）

3　Our teacher told us what to study for the test.

（　　　　　　　　　　　　　　　　　　　　　　　　　　　　　）

2 | 日本語に合うように語句を並べかえて名詞のカタマリをつくりましょう。

1　コンピュータの使い方　（ a computer / how / to / use ）

2　いつ踊り始めるか　（ dancing / start / to / when ）

3　どこで動物園の地図を手に入れるか　（ a map / get / of / the zoo / to / where ）

----

3 | 2を参考に、日本文の意味に合う英文をつくりましょう。

1　私の弟はコンピュータの使い方を知っています。

2　どこで動物園の地図をもらえばいいか、教えてください。

新しい情報はあとから加える

コラム3

英語には「相手がまだ知らないことで文を始めるのはできるだけ避ける」というルールがあります。例えば、次の例を見てみましょう。

2文めで、Many people（多くの人達）が突然話題に登場した感じがします。前の文で言っていたEmilyで文を始めたほうが自然です。こういうときに受け身が活躍します。

また、「意味順12（p. 56）」で学習したように「〈人〉に〈もの〉をあげる」というときは、give〈人〉〈もの〉という順番になりますが、to を使って give〈もの〉to〈人〉という順番にすることもできます。

例えば、下のようにたずねられたとき自然な答えになるのは①と②のどちらでしょうか。

②のほうが自然です。すでに話題になっている自転車（the bike）を代名詞 it に置きかえて、そのあとに初登場の弟（my brother）の情報を加えています。

一度話題になった名詞は he や it などの代名詞を使ったり、受け身の文やThere is/are ～ の文を使ったりすると、「新しい情報」を少しでも後ろにすることができ、より自然に情報を伝えることができます。

カナダからの留学生ケビン（**Kevin**）のスピーチ文を読み、あとの問いに答えなさい。

In Canada, there are no examinations for high school. So, most junior high school students in Canada don't study as much as Japanese students. Canadian students play sports or join club activities, or *hang out with their friends after school. They do various things and spend their time freely.

①(in Canada / is / one of / the most popular sports) ice hockey. People enjoy watching games with their family on weekends. Basketball is also popular in winter because students can't play outside.

Canadian students have about two months for summer vacation. They don't have homework during the vacation. Some students go to summer camps and enjoy sports such as baseball, rugby or soccer. You can join some group activities and try to make robots there. Other students do volunteer work.

If you come to Canada, you (②) clean the classroom. School staff or cleaning companies do that. School lunch is not served. You have to bring your lunch or buy it at the cafeteria. Do you want to study in Canada? You will be able to learn a lot!

*hang out 遊びに行く

1 下線部①について、（　）内の語句を正しい順序に並べかえなさい。ただし、文頭の文字は大文字にして書きなさい。

‑‑‑‑‑‑‑‑‑‑‑‑‑‑‑‑‑‑‑‑‑‑‑‑‑‑‑‑‑‑‑‑‑‑‑‑‑‑ ice hockey.

2 ②に入る最も適切なものを選びなさい。

ア can　　イ don't have to　　ウ should　　エ must

3 次の質問の答えを完成させなさい。

How long do Canadian students have for summer vacation?

— They have ‑‑‑‑‑‑‑‑‑‑‑‑‑‑‑‑‑‑‑‑‑‑‑‑‑‑‑‑‑‑‑‑ .

4 本文の内容と合うものには○を、合わないものには×をつけなさい。

(1) In Canada, students must take a test to enter high school.　　‑‑‑‑‑‑‑‑

(2) Basketball and ice hockey are popular sports in Canada.　　‑‑‑‑‑‑‑‑

(3) Canadian students have no homework during summer vacation.　　‑‑‑‑‑‑‑‑

(4) You cannot eat lunch at school in Canada.　　‑‑‑‑‑‑‑‑

だれが　する/です　＼だれ・なに／　どこ　いつ

「○○に〜してほしい」〈want / tell / ask 人 to ＋動詞の原形〉

　動詞 want は、 だれ・なに に〈to ＋ 動詞の原形〉を入れると「〜したい」という意味になります。このとき、〈to ＋ 動詞の原形〉の前に〈人〉を入れると、「○○に〜してほしい」と他の人に頼みごとや願いを伝えることができます。

▶ 私はあの本を読みたい。← 本を読むのは「私」

だれが	する／です	だれ・なに	
I	want	to read that book	.
私は	望む	あの本を読むことを	

　　　　　　　　　　　　　　　　　⬆ 〈to ＋ 動詞の原形〉だけ

▶ 私は、あなたにあの本を読んでほしい。← 本を読むのは「あなた」

だれが	する／です	だれ・なに		
I	want	you	to read that book	.
私は	望む	あなたに	あの本を読むことを	

　　　　　　　　　　　　　⬆ 〈人〉　　　⬆ 〈to ＋ 動詞の原形〉

　want の他に tell と ask も だれ・なに に〈人・もの ＋ to ＋ 動詞の原形〉を入れることができます。（比較：let〈人・もの〉動詞の原形「○○に〜させる」）

　　　tell 〈人・もの〉〈to ＋動詞の原形〉 人（もの）に〜するように言う（命令する）
　　　ask 〈人・もの〉〈to ＋動詞の原形〉 人（もの）に〜するように頼む

　 する／です の動詞の後ろに人称代名詞が続くときは、 だれ・なに 形（ me / her / him / it / us / you / them ）を使います。

▶ お父さんは僕に、部屋を掃除するように言った。

だれが	する／です	だれ・なに		どこ	いつ	
My father	told	me	to clean my room			.
私の父は	言った	私に	部屋を掃除することを			

▶ 佐藤先生は私たちにあの箱を運ぶように頼んだ。

だれが	する／です	だれ・なに		どこ	いつ	
Mr. Sato	asked	us	to carry that box			.
佐藤先生は	頼んだ	私たちに	あの箱を運ぶことを			

1 日本語に合うように、動詞を適切な形にして必要な語を補い、空所に書きましょう。

1 僕はきみに〜してほしい。(want) I ＿＿＿＿＿ ＿＿＿＿＿ to do 〜.

2 僕はきみに〜するように言った。(tell) I ＿＿＿＿＿ ＿＿＿＿＿ to do 〜.

3 弟は私に〜するように頼む。(ask) My brother ＿＿＿＿＿ ＿＿＿＿＿ to do 〜.

2 日本語に合うように、(　　)内の動詞を使って色付きのボックスに適切な語句を補い、文を完成させましょう。

1 明日の学園祭、きみに来てほしいんだ。(come)

だれが	する／です		だれ・なに	
			to the school festival tomorrow	.

2 弟は私にいつも部屋の掃除を頼む。(clean)

だれが	する／です		だれ・なに	どこ	いつ
	always		his room		.

3 きみには期末テストに向けて一生懸命に勉強するように言いました。(study)

だれが	する／です		だれ・なに	どこ	いつ
			hard for the final exam		.

3 日本語に合うように、語句を並べかえて、英文をつくりましょう。

1 明日、きみに新聞を学校に持って来てほしい。
(I / some newspapers / to bring / to school / tomorrow / want / you / .)

2 母は私にエコバッグを持っていくように言った。
(an eco-bag / me / my mother / told / to take / with me / .)

3 父は僕に牛乳を買ってくるように頼んだ。
(asked / my father / to buy / me / some milk / .)

「○○が〜するとき」〈接続詞 when〉

「人（もの）が〜する［した］とき」と、〈時〉を説明するとき、接続詞 when を使います。when の後ろは文の形になります。when は 時 というボックスを追加して使います。

▶ 私が忙しいとき、妹がイヌを散歩させます。

追加！

だれが	する／です	だれ・なに	どこ	いつ	時	
My sister 私の妹は	walks 散歩させる	my dog 私のイヌを			when I am busy 私が忙しいとき	⌐

↑ 主語と動詞がある文の形

接続詞は文と文をつなげる働きをします。when は、「いつのことか」という意味で2つの文をつなげます。

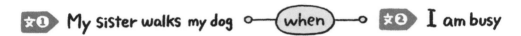

文① My sister walks my dog ○—(when)—○ 文② I am busy

時 の中の文を確認しましょう。このとき文全体を2段の意味順ボックスで表し、接続詞 when は「つなぐ」というボックスに入れます。

	つなぐ	だれが	する／です	だれ・なに	どこ	いつ	
文①	---	My sister 私の妹は	walks 散歩させる	my dog 私のイヌを			
つなぐ の後ろに文②	when 〜のとき	I 私は	am です	busy 忙しい			⌐

接続詞 when 以降の意味順ボックスは、1段めでも使えます。

▶ お母さんは学生の頃、ソフトボールをやっていました。

つなぐ	だれが	する／です	だれ・なに	どこ	いつ	
When 〜のとき	my mother 私の母は	was でした	a student 学生			→
---	she 彼女は	played した	softball ソフトボールを			⌐

◖ 区切りのカンマが必要

1 日本語に合うように、空所に入る適切な語句を [____] から選びましょう。

1 私が起きたとき

when I _____

2 私があなたに会ったとき

when I _____ you

3 私がひまなとき

when I _____ free

4 私が～に行ったとき

when I _____ to ～

> am
> got up
> saw
> went

2 日本語に合うように色付きのボックスに適切な語句を補い、文を完成させましょう。

1 初めて中学校に行ったとき、私は緊張しました。

つなぐ	だれが	する／です	だれ・なに	どこ	いつ	
---	I	was	nervous			
					for the first time	.

2 私が起きたとき、母は朝食を作っていました。

つなぐ	だれが	する／です	だれ・なに	どこ	いつ	
---	My mother	was making	breakfast			
						.

3 日本語に合うように、語句を並べかえて、英文をつくりましょう。

1 私はひまなとき、ストレッチをします。(am / free / I / I / stretch / when / .)

_____

2 きみが話しかけてくれたとき、僕はとてもうれしかったよ。
(I / me / talked to / when / you / very happy / was / .)

_____

3 母は若いとき、バイクに乗っていました。
(a motorcycle / my mother / rode / she was / when / young / .)

_____

「○○が〜なので」〈接続詞 because〉

接続詞 because は「〜なので…」「〜だから…」と、理由を説明します。because の後ろは文の形になります。because は ▨理由 というボックスを追加して使います。

▶ **ジュンは疲れていたので早く寝ました。**

追加！

だれが	する／です	だれ・なに	どこ	いつ	理由	
Jun ジュンは	went to bed 寝た			early 早く	because he was tired 彼は疲れていたので	.

↑ 主語と動詞がある文の形

▨理由 の中の文の形を確認しましょう。because は接続詞なので、▨つなぐ に入れます。

つなぐ	だれが	する／です	だれ・なに	どこ	いつ	
--- 	Jun ジュンは	went to bed 寝た			early 早く	
because 〜なので	he 彼は	was でした	tired 疲れた			.

⟩ because の後ろは意味順！

接続詞 because 以降の意味順ボックスは、1段めでも使えます。

▶ **すごく空腹だったので、私は目が覚めてしまった。**

つなぐ	だれが	する／です	だれ・なに	どこ	いつ	
Because 〜なので	I 私は	was でした	so hungry すごく空腹な			,
--- 	I 私は	woke up 目が覚めた				.

← カンマ

注意！

接続詞は文と文をつなげるはたらきをするので、必ず1つの文の中で使います。

○ Jun went to bed early because he was tired. ← 1つの文なので OK

× Jun went to bed early. Because he was tired. ← Because だけの文はまちがい！

ただし、Why を使った疑問文に答えるときは、Because で始めてもかまいません。

Why did Jun go to bed early yesterday? （なぜジュンは昨日早く寝たの？）

— Because he was tired. （疲れていたからだよ。）

1

英文の意味がとおるように、〔 〕に because を入れ、続く文を ⠂⠂⠂ から選びましょう。

1 I went to school in a hurry 〔　　　　〕 _____ .

2 I went to see a doctor 〔　　　　〕 _____ .

3 I want to go to Australia 〔　　　　〕 _____ .

> I caught a cold　　I overslept　　I want to see Uluru

2

次の英文を意味順ボックスに正しく書きましょう。

1 I was absent from school yesterday because I didn't feel good.

（昨日は体調が良くなかったので、学校をお休みしました。）

つなぐ	だれが	する／です	だれ・なに	どこ	いつ	

						▲

2 I like spring the best because I like the warm wind.

（春がいちばん好きです、暖かい風が好きなので。）

つなぐ	だれが	する／です	だれ・なに	どこ	いつ	

						▲

3

日本語に合うように、語句を並べかえて、英文をつくりましょう。

1 雨が降っていたので、早めに家を出ました。

(because / early / I / it / left home / was raining / .)

_____

2 山田さんは私が遅れたので、怒っています。

(angry / because / I / is / Ms. Yamada / was late / .)

_____

つなぐ / だれが / する/です / だれ・なに / どこ / いつ

「もし○○が〜なら」〈接続詞 if〉

接続詞 if は「もし〜なら…」と条件を説明します。if の後ろは文の形になります。if は **条件** というボックスを追加して使います。

▶ **のどがかわいているなら、紅茶を 1 杯いれてあげよう。**

追加！

だれが	する／です	だれ・なに		どこ	いつ	条件	
I 私は	will make 作ろう	you あなたに	a cup of tea 紅茶を 1 杯			if you are thirsty もしあなたがのどがかわいているなら	.

⬆ 主語と動詞のある文の形

条件 の中の文の形を確認しましょう。if は接続詞なので、**つなぐ** に入れます。

つなぐ	だれが	する／です	だれ・なに		どこ	いつ	
---	I 私は	will make 作ろう	you あなたに	a cup of tea 紅茶を 1 杯			
if もし〜なら	you あなたが	are です	thirsty のどがかわいている				.

⎫ if の後ろは
意味順！

条件を表す if は、「のどがかわいている or かわいていない」「日曜日が晴れる or 雨が降る」のように、「あり得ること」について述べるときに使います。

また、if のあとの内容が未来のことでも、動詞は現在形を使います。

▶ **次の日曜日、晴れたら釣りに行こうよ。**

つなぐ	だれが	する／です	だれ・なに	どこ	いつ	
---	---	Let's go 行こう	fishing 釣りに			
if もし〜なら	it 〈天気の it〉	is です	sunny 晴れている		next Sunday 来週の日曜日	.

⬆ 「次の日曜」のことだけど現在形

「もし〜なら」の部分を先に伝えることもできます。そのときは、If からどこまでが条件を表しているかがわかるように、カンマ（,）で区切ります。

  If it is sunny next Sunday, let's go fishing.

⬆ カンマ

1 | 英文の意味が自然なつながりになるように、空所に入る文を ⌷⌷⌷⌷ から選びましょう。

1 Call me anytime _____ .

2 I won't go outside _____ .

3 _____ , you can take the piano lessons.

> if it is cold　　if you like music　　if you need some help

2 | 次の英文を意味順ボックスに正しく書きましょう。

1 Please say hello if you see Mr. Nakao tomorrow.

（明日、中尾先生にお会いになるなら、よろしくお伝えください。）

つなぐ	だれが	する／です	だれ・なに	どこ	いつ	
---						

2 If you are hungry, you can eat this rice ball.

（もしおなかがすいているなら、このおにぎり食べていいよ。）

つなぐ	だれが	する／です	だれ・なに	どこ	いつ	
---						

3 | 日本語に合うように、語句を並べかえて、英文をつくりましょう。

1 疲れているなら、休んでいいよ。(are tired, / can / if / take a break / you / you / .)

_____

2 助けが必要なら、言ってください。(if / my help, / need / tell me / you / please / .)

_____

3 そこに行ったら、アイスを食べるべきだ。
(go there, / ice cream / if / should eat / you / you / .)

_____

「○○が〜なのでうれしい」〈感情の理由や内容を説明する that〉

「あなたが来てくれたからうれしい」「あなたが来てくれたことがうれしい」のように感情の理由や内容を伝えるとき、接続詞 that を使います。that の後ろは文の形になります。that は 内容 というボックスを追加して使います。

▶ きみが来てくれて私はうれしい。

追加！

だれが	する／です	だれ・なに	どこ	いつ	内容	
I 私は	am です	glad うれしい			that you came here あなたがここに来てくれたことが	.

↑ 感情　　　　　　　　　　　　　↑ 主語と動詞がある文の形

内容 の that 以下（あなたが来てくれたこと）が、glad（うれしい）の内容を説明しています。内容 の中の文の形を確認しましょう。that は接続詞なので つなぐ に入れます。

つなぐ	だれが	する／です	だれ・なに	どこ	いつ	
---	I 私は	am です	glad うれしい			
that 〜のことが	you あなたが	came 来た		here ここに		.

that の後ろは意味順！

glad の他に、that で理由や内容を伝える表現には、以下のものがあります。

I am sorry that〜（〜を残念に思う）　I am sure that〜（〜と確信している）

I am proud that〜（〜を誇りに思う）　I am sad that〜（〜を悲しく思う）

▶ 昨日は体育の授業がなくて悲しかったよ。

つなぐ	だれが	する／です	だれ・なに	どこ	いつ	
---	I 私は	was でした	sad 悲しい			
that 〜のことが	I 私は	didn't have もたなかった	any P.E. classes 体育の授業を		yesterday 昨日	.

1 日本語に合うように、空所に入る適切な形容詞を [ ] から選びましょう。

1 私は〜を確信している

I am ＿＿＿ that 〜

2 私は〜してうれしい

I am ＿＿＿ that 〜

3 私は〜を誇りに思う

I am ＿＿＿ that 〜

4 私は〜を残念に思う

I am ＿＿＿ that 〜

> glad
> sorry
> sure
> proud

2 日本語に合うように、色付きのボックスに適切な語を補い、文を完成させましょう。

1 私はあなたがそれを1人でできると確信しています。

つなぐ	だれが	する／です	だれ・なに	どこ	いつ	
---						
	you	can do	it			.

2 きみが転校してしまうのは残念だ。

つなぐ	だれが	する／です	だれ・なに	どこ	いつ	
---						
	you	will move		to another school		.

3 日本語に合うように、語句を並べかえて、英文をつくりましょう。

1 きみがスピーチコンテストで優勝すると確信しているよ。
(am / I / sure that / the speech contest / you / will win / .)

2 トムがここにいなくて残念だ。
(am / isn't here / I / sorry that / Tom / .)

3 私はこの学校を卒業したことを誇りに思っている。
(am / graduated from / I / I / proud that / this school / .)

「○○が〜するということ」〈名詞のカタマリをつくる that〉

「〜だと思う」「〜だと知っている」と伝えるとき、思う内容や知っている内容を、接続詞 that を使って表します。接続詞 that は「〜ということ」という名詞のカタマリをつくります。接続詞 that のつくる名詞のカタマリは だれ・なに に入れます。

▶ 僕は加藤先生が埼玉に住んでいることを知っている。

だれが	する／です	だれ・なに	どこ	いつ	
I 私は	know 知っている	that Mr. Kato lives in Saitama 加藤先生が埼玉に住んでいることを			.

だれ・なに の中の文の形を確認しましょう。that は接続詞なので、 つなぐ に入れます。

つなぐ	だれが	する／です	だれ・なに	どこ	いつ	
---	I 私は	know 知っている	(何を？)			
that 〜ということ	Mr. Kato 加藤先生が	lives 住んでいる		in Saitama 埼玉に		.

that の後ろは意味順！

that を使った「〜ということ」を だれ・なに に使うフレーズはいくつか決まっています。このフレーズを覚えると、「〜ということ」の内容だけを意味順で考えることができます。

I know that
私は（〜だと）知っている

だれが	する／です	だれ・なに	どこ	いつ	
Mr. Kato 加藤先生は	lives 住んでいる		in Saitama 埼玉に		.

I think that〜.（〜だと思う）　　I hope that〜.（〜だといいなあと思う）

I believe that〜.（〜だと信じる）　I remember that〜.（〜だと思い出す／覚えている）

▶ きみのイヌは、とても賢いと思うな。／山田さんが 80 歳って、信じられる？

	だれが	する／です	だれ・なに	どこ	いつ	
I think that 私は（〜だと）思う	your dog あなたのイヌは	is です	so smart とても賢い			.
Do you believe that あなたは（〜だと）信じますか？	Ms. Yamada 山田さんは	is です	80 years old 80 歳			?

1 ｜ 日本語に合うように、適切な動詞を ▭ から選びましょう。

1 私は〜だと思う。　I _____ that 〜.

2 私は〜だと知っている。　I _____ that 〜.

3 私は〜だと信じる。　I _____ that 〜.

> believe
> know
> think

2 ｜ 次の英文を空所と意味順ボックスに正しく書きましょう。

1 **I think that your name is very nice.** (きみの名前、とても素敵だと思います。)

だれが	する／です	だれ・なに	どこ	いつ	

2 **I know that you are honest.** (あなたが正直だと知っています。)

だれが	する／です	だれ・なに	どこ	いつ	

3 **I believe that you will win next time.** (次回はきみが勝つと信じています。)

だれが	する／です	だれ・なに	どこ	いつ	

3 ｜ 日本語に合うように、語句を並べかえて、英文をつくりましょう。

1 明日は雨が降らなければいいな。(hope that / I / it / tomorrow / won't rain / .)

_____

2 今日は宿題がたくさんあるのを思い出しました。
(a lot of homework / had / I / I / remembered that / today / .)

_____

3 日本人は富士山を美しいと考えています。
(beautiful / is / Japanese people / think that / Mt. Fuji / .)

_____

「誰が／何が／いつ／どこで〜か」〈間接疑問文〉

　where や what などの疑問詞を使った文と、Do you know 〜? や I know 〜. などのフレーズを組み合わせると、「どこ〜か知ってる?」「何が〜か知っている」と伝えることができます。このような文を間接疑問文といいます。

> **Do you know〜?** (〜を知ってる?)
> **+ Where was Shun at that time?** (シュンはその時どこにいた?)
> **Do you know where Shun was at that time?**
> (シュンがその時どこにいたか知ってる?)

　疑問詞で始まる部分は「どこ〜か」「何を〜か」のような名詞のカタマリです。このカタマリは接続詞 that がつくるカタマリと同様、主語と動詞のある文の形です。文全体を 2 段の意味順ボックスで表し、疑問詞は はてな に入れます。2 段めが「知っていること」の内容です。

はてな	だれが	する／です	だれ・なに	どこ	いつ	
Do しますか?	**you** あなたは	**know** 知ってる	(何を?)			
where どこに	**Shun** シュンが	**was** いた		(どこ?)	**at that time** その時	**?**

　⬆ 疑問詞が先頭だけど、ふつうの文の語順!

「知っていること」の内容を一般動詞で表すときは、 はてな に do や does、did は入りません。

> **I know〜.** (〜を知ってるよ)
> **+ What does Mr. Takada like?** (高田先生は何が好き?)
> **I know what Mr. Takada likes.**
> (高田先生は何が好きか知ってるよ)

はてな	だれが	する／です	だれ・なに	どこ	いつ	
---	**I** 私は	**know** 知っている	(何を?)			
what 何	**Mr. Takada** 高田先生は	**likes** 好き	(何を?)			**.**

　⬆ does がない!　　　　　⬆ 三単現の s がついた!

間接疑問文では、 はてな の後ろはふつうの文と覚えておきましょう。

1 日本語に合うように、空所に入る適切な表現を [____] から選びましょう。

1 Do you know _____? （彼女がどこに住んでいるか知っている?）

2 Do you know _____? （彼女はどこ出身か知っている?）

3 I don't know _____. （彼女が何を持っているかわからない。）

> what she has　　where she is from　　where she lives

2 日本語に合うように、（　）内の疑問文を適切な語順にして色付きのボックスに書き、文を完成させましょう。符号も正しく書きましょう。

1 クリスはどこ出身か知ってる?　（Where is Chris from?）

はてな	だれが	する／です	だれ・なに	どこ	いつ	
Do	you	know				

2 私はなぜあなたが遅刻したのか知りません。　（Why were you late?）

はてな	だれが	する／です	だれ・なに	どこ	いつ	
---	I	don't know				

3 日本語に合うように、語句を並べかえて、英文をつくりましょう。

1 これが何か知ってる?　(do / is / know / this / what / you / ?)

_____

2 うちのイヌがどこにいるか知りたい。　(I / is / my dog / want to know / where / .)

_____

3 なぜマリが私にこのプレゼントをくれたか知っている?
(do / gave me / know / Mari / this present / why / you / ?)

_____

接続詞 that・間接疑問

接続詞 that は「〜ということ」、間接疑問は「〜かということ」という長い名詞のカタマリをつくります。(p. 100「意味順 30」、p. 102「意味順 31」)

　　that Japan has good food（日本にはおいしい食べ物があるということ）

　　what my sister bought for her boyfriend（お姉ちゃんが彼氏に何を買ったかということ）

これらの名詞のカタマリは、主に だれ・なに で使います。

だれが	する／です	だれ・なに	
I 私は	know 知っている	that Japan has good food 日本にはおいしい食べ物があるということを	．
I 私は	didn't know 知らなかった	what my sister bought for her boyfriend 私の姉が彼氏のために何を買ったかということを	．

どちらも長く見えますが、だれが する／です だれ・なに という 3 つのボックスだけを使っていると考えると、I like soccer. という文と構造は同じです。ただ、1 つのボックスに入るカタマリが長いのです。

長いカタマリも、show や tell などの動詞を使うと、「〈人〉に〜ということを示す」「〈人〉に〜ということを教える」を表します。

▶ そのテレビ番組は、日本にはおいしい食べ物があるということを、多くの人々に伝えています。

だれが	する／です	だれ・なに		
The TV program そのテレビ番組は	shows 示す	many people 多くの人々に	that Japan has good food 日本にはおいしい食べ物があるということを	．

　　　　　　　　　　　　　　　　　⬆〈人〉　　　⬆ that で表す「〜ということ」

▶ お母さんは、お姉ちゃんが彼氏に何を買ったかを教えてくれた。

だれが	する／です	だれ・なに		
My mom 私の母は	told 教えた	me 私に	what my sister bought for her boyfriend 私の姉が彼氏のために何を買ったかということを	．

　　　　　　　　　　　　　⬆〈人〉　　⬆ what で表す「〜かということ」

1 文全体の だれ・なに にあたるカタマリを見つけて ⬚ で囲み、日本語にしましょう。

例 I know what Mr. Takada likes.

（ 高田先生が何が好きかということ　　　　　　　　　　　　　）

1 I didn't know that Mr. Matsuoka was a tennis player.

（　　　　　　　　　　　　　　　　　　　　　　　　　　　　　）

2 Please tell me where I can buy a ticket.

（　　　　　　　　　　　　　　　　　　　　　　　　　　　　　）

3 My father taught me that peace is very important.

（　　　　　　　　　　　　　　　　　　　　　　　　　　　　　）

2 日本語に合うように単語を並べかえて名詞のカタマリをつくりましょう。

1 サラ (Sara) がどこに行くのか　（ go / Sara / where / will ）

_____

2 あなたが何を食べる予定か　（ are / eat / going / to / you / what ）

_____

3 なぜきみの弟が昨日来なかったか
（ brother / come / didn't / yesterday / your / why ）

_____

3 2を参考に、日本文の意味に合う英文をつくりましょう。

1 サラがどこに行くのか、知ってるよ。

_____

2 きみの弟が昨日どうして来なかったのか、教えてください。

_____

1 次の英文が自然な意味になるように _____ に当てはまる接続詞を下の ⌇⌇⌇⌇ から選んで書きなさい。（同じものを2回使ってもかまいません。文中では大文字で表す語もすべて小文字で示してあります。）　2点×5

1 I don't think _____ the test was so difficult.

2 My mother was reading a book _____ I came home yesterday.

3 We need to take an umbrella with us _____ it rains tomorrow.

4 _____ we practiced hard, our team won the game.

5 I am glad _____ we met again.

> that　　because　　if　　when

2 次の英文を、意味順ボックスに正しく書き写しなさい。　4点×3

1 Tom uses this pen when he studies at home. （トムは家で勉強するときこのペン使う。）

つなぐ	だれが	する／です	だれ・なに	どこ	いつ	

2 Tom will speak English if you want. （きみが望むなら、トムは英語を話すよ。）

つなぐ	だれが	する／です	だれ・なに	どこ	いつ	

3 Tom was sad that he lost the game yesterday. （トムは昨日その試合に負けて悲しかった。）

つなぐ	だれが	する／です	だれ・なに	どこ	いつ	

3 次の日本文を英文にしなさい。

4点 × 3

1 トムは高校生だったとき、背が高くなかった。

----

2 トムはイギリス出身（the U.K.）ということを知ってますか?

----

3 トムは朝食を食べなかったからおなかがすいている。

4

ALT のピーター（Peter）にインタビューをしていて、「あなたの家族は何をしていると楽しい（happy）と感じますか?」という質問をしたら、家族がそれぞれ好きなことをしているときの写真を見せてくれました。下の絵を見ながら、ピーターの立場になって「○○は〜するとき楽しいと感じている」という英文を書きなさい。 16点

①

本人

②

mother

③

father

④

dogs

例 I feel happy when I am reading books.

① --

② --

③ --

④ --

英作文問題 ②

あなたの友だちのリリー (**Lily**) は香港に住んでいます。リリーから届いた **E** メールを読んで、あとの問いに答えなさい。

Hi, how are you?

I am going to study in the U.S. from next September. I will stay there for three months. I got an email from my host family. I am happy that they are very kind to me. I want to study English and learn other country's culture.

Do you want to study abroad?

Lily

---

1 次の質問の答えの文を完成させなさい。

Where will Lily study from next September?

だれが	する／です	だれ・なに	どこ	いつ

_____ She _____ will study _____

2 リリーの下線部の質問に答えるように、次の①②の指示にしたがって、返事のメール文を完成させなさい。ただし、3 文以上で書くこと。

　　①１文めは、自分の考えを明確に述べなさい。
　　②２文め以降は、その理由を書きなさい。

Hi, Lily. Thank you for your email.

だれが	する／です	だれ・なに	どこ	いつ

_____ I _____ abroad _____ .

_____

_____

_____

Take care!

ハルカが英語で書いたふるさと紹介の記事を読んで、あとの問いに答えなさい。

When tourists visit Japan, most people choose to visit famous cities like Tokyo, Kyoto or Osaka. However, ①(I / go to / interesting / places / some / want / you to). One of such places is Tottori.

(②) you like cherry blossoms, please go to the Tottori *castle ruins in spring. You can enjoy beautiful blossoms in a historical area. If you like the sea, you can visit the Tottori *Sand Dunes in summer. When it is hot, you can swim at the beach. In autumn, the leaves of the trees on Mt. Daisen become very colorful. You can hike on the tallest mountain in *the Chugoku region. If you like hot springs, you should go to one in winter. There are many hot springs in Tottori, and you can be warm when the weather becomes very (③).

Tottori is a very exciting place during the year. I'm sure that you will want to come again. Please have a nice trip to the countryside of Japan.

*castle ruins 城跡　*sand dunes 砂丘　*the Chugoku region 中国地方

---

1 下線部①について、(　　) 内の語句を正しい順序に並べかえなさい。

---

2 空所②に入る最も適切な語を選びなさい。

ア Do　　イ How　　ウ If　　エ What

3 空所③に入る最も適切な語を選びなさい。

ア cold　　イ hot　　ウ mild　　エ warm

4 次の質問の答えを選びなさい。

Where should people visit in Tottori in autumn?

ア Tottori castle ruins　　イ Tottori Sand Dunes

ウ Mt. Daisen　　エ hot springs

5 本文の内容と合うものを 1 つ選びなさい。

ア Many tourists don't think that Tokyo is famous.

イ Tourists should visit the countryside and can enjoy the trip.

ウ You cannot enter hot springs in Tottori because it is too hot.

エ The Japanese countryside is not as interesting as famous cities.

コラム 4 「現在完了」で何を伝えるか

　ここまで現在、過去、未来とさまざまな〈時〉の表現を学習してきました。〈時〉に関係する表現として、この本で最後に登場するのは現在完了です。現在完了は、 する／です の動詞を〈have[has] ＋ 過去分詞〉の形にして表します。

現在完了の文　**タクは職員室に行っちゃったよ。**

だれが	する／です	だれ・なに	どこ	いつ	
Taku タクは	has gone 行ってしまった		to the teachers' office 職員室に		.

（この文では主語が三人称単数なので、has を使っています。gone は go の過去分詞です。）

　日本語の「行っちゃった」は過去の文のようですが、現在完了の文は現在を表す文の仲間です。「何かをした（上の文では「行った」）」「何かがあった」のは過去のことですが、なにかしら現在とのつながりがあることがポイントです。

　同じ質問に対する答えを見ながら、過去の文と現在完了の文を比較してみましょう。

　過去の文は「過去の出来事」を少し離れた現在から思い返しているイメージです。一方、現在完了の文は「過去の出来事」がすぐ近くにあって、現在の自分に向かってきているイメージです。

過去形を使った「職員室に行ったよ」は「職員室に行った」という過去の事実を伝えるだけです。そのため、この文からは「今どこにいるのか」はわかりません。それに対し、現在完了形を使った「職員室行っちゃったよ」という文には、「だから今ここにいないよ」「きっとまだ今もそこにいるよ」といったメッセージが隠れていると考えることができます。

　現在完了は、この本では4つの使い方に分けて紹介します。「経験」「完了」「継続」「完了進行形」の4つです。それぞれ、こんな場面で使われる（こんなメッセージが隠れている）という例を紹介します。

　使われる場面やメッセージには、どれも「現在とのつながり」があります。

　現在完了の否定文・疑問文のつくり方は、どの用法でも同じなので、ここでは基本的な形を確認しておきます。

　否定文は、have[has] の後ろに not を置きます。短縮形は haven't / hasn't です。

だれが	する／です	だれ・なに	どこ	いつ	
I 私は	have not seen 見たことがない／まだ見てない	that movie あの映画を			．

　疑問文は、have[has] を はてな に移動します。過去分詞は する／です ボックスに残ります。

はてな	だれが	する／です	だれ・なに	どこ	いつ	
Have ですか？	you あなたは	seen 見たことある	that movie あの映画を			？

「〜したことがある」〈現在完了形：経験〉

現在完了形で、「〜したことがある」と「経験」を伝えることができます。 する／です に〈have[has] + 過去分詞〉を入れます。

▶ **私はタイ料理を<u>何回も</u>食べたことがあるよ。／ユウタは<u>以前</u>、イタリアに行ったことがある。**

だれが	する／です	だれ・なに	どこ	いつ	
I 私は	have eaten 食べたことがある	Thai food タイ料理を		many times 何回も	.
Yuta ユウタは	has been 行ったことがある		to Italy イタリアに	before 以前	.

「経験」を表す文では、have[has] been to 〜 で「〜に行ったことがある」という意味です。**go** (行く) を使って have[has] gone to 〜 とすると「〜に行ってしまった」の意味になります。

また回数は、once (1回)、twice (2回)、3回以上は three times のように **times** をつけて表します。

現在完了形の否定文は、have[has] の後ろに **not** を置くのが基本です。「経験」用法では、never (一度も〜ない)をつけて強い否定を表すこともできます。

だれが	する／です	だれ・なに	どこ	いつ	
I 私は	have never met 一度も会ったことがない	that man あの男の人に			.

疑問文は、have[has] を先頭に移動させ、過去分詞の前に ever (これまでに) を置きます。

▶ **これまでに奈良に行ったことある？**

はてな	だれが	する／です	だれ・なに	どこ	いつ	
Have ですか？	you あなたは	ever been これまでに行ったことがある		to Nara 奈良に		?

答え方は、Yes, I have. / No, I haven't. です。

1 | 例を参考に、主語に気をつけながら、〈have[has] + 過去分詞〉の形を確認しましょう。

例 My family climbed 〜 →（登ったことがある） My family ___has___ ___climbed___ 〜

1 I played 〜 →（弾いたことがある） I ＿＿＿＿＿ ＿＿＿＿＿ 〜

2 I saw 〜 →（会ったことがある） I ＿＿＿＿＿ ＿＿＿＿＿ 〜

3 Nozomi cooked 〜 →（料理したことがある） Nozomi ＿＿＿＿＿ ＿＿＿＿＿ 〜

2 | 日本語に合うように（　）の動詞を使って色付きのボックスに適切な語句を補い、文を完成させましょう。

1 バイオリンは1回弾いたことがあります。（play）

だれが	する／です	だれ・なに	どこ	いつ	
		the violin			.

2 私は彼には一度も会ったことがありません。（see）

だれが	する／です	だれ・なに	どこ	いつ	
		him			.

3 うちの家族は富士山に3回登ったことがあります。（climb）

だれが	する／です	だれ・なに	どこ	いつ	
		Mt. Fuji			.

3 | 日本語に合うように、語句を並べかえて、英文をつくりましょう。

1 ノゾミは沖縄料理を作ったことが2回あります。
(cooked / Okinawan dishes / has / twice / Nozomi / .)

2 まだその新しいタブレットを一度も使ったことがありません。
(have / the new tablet / I / used / never / .)

3 今までに海外に行ったことある？ (abroad / been / ever / have / you / ?)

「〜し終わっている」〈現在完了形：完了〉

　現在完了形で、「ちょうど〜し終わったところだ」「もう〜し終わっている」と動作の「完了」を伝えることができます。基本は〈have[has] ＋ 過去分詞〉です。

　現在完了形を「完了」の意味で使うときは、already（もうすでに）や just（ちょうど）という語を have の後ろにつけることがあります。

▶ 宿題、<u>もう</u>終わってるよ。

だれが	する／です	だれ・なに	どこ	いつ	
I 私は	have already finished もうすでに終えている	my homework 宿題を			.

▶ アヤが<u>ちょうど</u>着いたところだよ。

だれが	する／です	だれ・なに	どこ	いつ	
Aya アヤは	has just arrived ちょうど着いたところだ				.

　否定文には、have[has] に not をつけます。「完了」用法では、 いつ に yet（まだ）を入れます。

▶ 私は<u>まだ</u>宿題終わってない<u>ん</u>だ。

だれが	する／です	だれ・なに	どこ	いつ	
I 私は	haven't finished 終えていない	my homework 宿題を		yet まだ	.

　疑問文は、have[has] を先頭に移動し、yet を いつ に入れます。yet は疑問文では「もう、すでに」という意味になります。

▶ <u>もう</u>宿題は終わってるの？

はてな	だれが	する／です	だれ・なに	どこ	いつ	
Have ですか？	you あなたは	finished 終えている	your homework あなたの宿題を		yet もう	?

　答え方は、Yes, I have. / No, I haven't. です。否定するときは No, not yet. と答えることもできます。

練習しよう 現在完了形：完了

1 例を参考に、主語に気をつけながら、〈have[has] + 過去分詞〉の形を確認しましょう。また、already か just を補いましょう。

例 The train went → (ちょうど行った) The train ___has___ ___just___ ___gone___

1 I left 〜 → (すでに出発している) I _____ _____ _____ 〜

2 We heard 〜 → (ちょうど聞いた) We _____ _____ _____ 〜

3 Ann did 〜 → (すでにやった) Ann _____ _____ _____ 〜

2 日本語に合うように（　）の動詞を使って色付きのボックスに適切な語句を補い、文を完成させましょう。

1 私、もう家を出ちゃっているよ。(leave)

だれが	する／です	だれ・なに	どこ	いつ	
			home		.

2 私たちはちょうどその知らせを聞いたところです。(hear)

だれが	する／です	だれ・なに	どこ	いつ	
		the news			.

3 アンはすでにその仕事をやってしまいました。(do)

だれが	する／です	だれ・なに	どこ	いつ	
		the task			.

3 日本語に合うように、語句を並べかえて、英文をつくりましょう。

1 映画がちょうど始まったところだ。(has / just / started / the movie / .)

_____

2 まだお風呂を掃除していません。(cleaned / have / I / not / the bathroom / yet / .)

_____

3 もうお昼は食べちゃった？ (eaten / have / lunch / yet / you / ?)

_____

	\する/です/			
だれが		だれ・なに	どこ	いつ

「ずっと〜である」〈現在完了形：継続〉

現在完了形で、「ずっと〜している」と、過去に始まった状態の「継続」を表すことができます。

▶ **トムのこと、もう10年知ってるよ。**

だれが	する／です	だれ・なに	どこ	いつ	
I	have known	Tom		for ten years	．
私は	ずっと知っている	トムを		10年間	

「継続」の意味で使われる動詞には以下のようなものがあります。

have <u>lived</u> in Tokyo （東京にずっと住んでる）

have <u>wanted</u> that bag （ずっとあのカバンを欲しいと思ってる）

have <u>been</u> sick （ずっと具合が悪い）

また、動作や状態が「いつから」「どのくらいの期間」続いているのかを表すために、 いつ で since や for を使います。

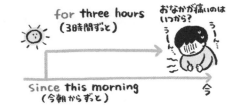

▶ **今朝から**ずっとおなかが痛い。

だれが	する／です	だれ・なに	どこ	いつ	
I	have had	a stomachache		since this morning	．
私は	ずっと持っている	腹痛を		今朝から	

否定文は have[has] に not をつけます。疑問文は have[has] を はてな に移動します。また、How long を使って「どのくらいの間〜ですか」とたずねることもできます。

▶ **私は、埼玉に長くは住んでいないんだ。／どのくらいの間**、具合が悪いの？

はてな	だれが	する／です	どこ	いつ	
---	I	haven't lived	in Saitama	for long	．
	私は	ずっと住んでいない	埼玉に	長期間	
How long have	you	been sick			？
どのくらいの間　ですか？	あなたは	ずっと具合が悪い			

1 例を参考に、主語に気をつけながら、〈have[has] + 過去分詞〉の形を確認しましょう。

例 I lived in ～　→ (ずっと住んでいる) I ___have___ ___lived___ in ～

1 I had a cold ～　→ (ずっと風邪をひいている) I ＿＿＿＿＿＿ ＿＿＿＿＿＿ a cold ～

2 I was interested in ～　→ (ずっと興味がある)

　 I ＿＿＿＿＿＿ ＿＿＿＿＿＿ interested in ～

3 My father was busy ～　→ (ずっと忙しい)

　 My father ＿＿＿＿＿＿ ＿＿＿＿＿＿ busy ～

2 日本語に合うように (　) の動詞を使って色付きのボックスに適切な語句を補い、文を完成させましょう。また いつ に、for か since を補いましょう。

1 私はこの町に 15 年間住んでいる。 (live)

だれが	する／です	だれ・なに	どこ	いつ	
I			in this town	fifteen years	.

2 僕は先週から風邪をひいている。 (have)

だれが	する／です	だれ・なに	どこ	いつ	
I		a cold		last week	.

3 父はここ 2 週間ずっと忙しいです。 (be)

だれが	する／です	だれ・なに	どこ	いつ	
My father		busy		two weeks	.

3 日本語に合うように、語句を並べかえて、英文をつくりましょう。

1 どのくらいここにいるの？ (been here / have / how long / you / ?)

＿＿＿＿＿＿＿＿＿＿＿＿＿＿＿＿＿＿＿＿＿＿＿＿＿＿＿＿＿＿＿＿＿＿＿＿＿＿

2 私は子どもの頃からずっと動物に興味をもっています。

(a child / animals / have been / I / I / interested in / since / was / .)

＿＿＿＿＿＿＿＿＿＿＿＿＿＿＿＿＿＿＿＿＿＿＿＿＿＿＿＿＿＿＿＿＿＿＿＿＿＿

「ずっと〜している」〈現在完了進行形〉

〈have[has] ＋ been ＋ 動詞の 〜ing 形〉を使って、「ずっと〜し続けている」と、過去に始まった動作が継続していることを表します。この形を現在完了進行形といいます。

| 現在完了形（継続）の文 | シュンタは **6 年間**、英語を勉強しています。 |
| 現在完了進行形の文 | シュンタは **2 時間**ずっと英語を勉強し続けています。 |

だれが	する／です	だれ・なに	どこ	いつ	
Shunta シュンタは	has studied ずっと勉強している	English 英語を		for six years 6 年間	.
Shunta シュンタは	has been studying ずっと勉強し続けている	English 英語を		for two hours 2 時間	.

現在完了形（継続）は、「学校で教科として、または日頃（ひごろ）の習慣として“英語を勉強する”ということを 6 年間続けている」という意味です。一方で現在完了進行形は、その動作を休みなくずっと続けているイメージです。

現在完了進行形の文を否定文にするには、have[has] に not をつけます。

▶ ミナミは **5 時間**ずっとテニスを練習しているわけではありません。

だれが	する／です	だれ・なに	どこ	いつ	
Minami ミナミは	hasn't been practicing ずっと練習し続けていない	tennis テニスを		for five hours 5 時間	.

疑問文にするには、have[has] を先頭に移動します。また、How long をつけて「どのくらい〜し続けていますか?」と期間をたずねることもできます。

▶ ここで、**どれくらい**待っているの?

はてな	だれが	する／です	だれ・なに	どこ	いつ	
How long have どれくらいの間　ですか?	you あなたは	been waiting ずっと待ち続けている		here ここで		?

答え方は、I've been waiting here for 30 minutes. となります。For 30 minutes. と短く答えることもできます。

1 例を参考に、主語に気をつけながら、〈have[has] + been 〜 ing〉の形を確認しましょう。

例 I am using 〜　→（ずっと使っている）　I ___have___ ___been___ ___using___ 〜

1 It is raining 〜　→（ずっと雨が降っている）　It _____ _____ _____ 〜

2 I am practicing 〜　→（ずっと練習している）

I _____ _____ _____ 〜

3 Mr. Robinson is teaching 〜　→（ずっと教えている）

Mr. Robinson _____ _____ _____ 〜

2 日本語に合うように（　）の動詞を使って色付きのボックスに適切な語句を補い、文を完成させましょう。また いつ に、for か since を補いましょう。

1 私は今朝からずっとタブレットを使っています。(use)

だれが	する／です	だれ・なに	どこ	いつ	
I		the tablet		this morning	.

2 僕は3時間ずっとピアノの練習をしています。(practice)

だれが	する／です	だれ・なに	どこ	いつ	
I		the piano		three hours	.

3 ロビンソン先生は1995年からずっと日本で教えている。(teach)

だれが	する／です	だれ・なに	どこ	いつ	
Mr. Robinson			in Japan	1995	.

3 日本語に合うように、語句を並べかえて、英文をつくりましょう。

1 ヒロは公園の周りをずっとジョギングしています。

(around the park / been jogging / has / Hiro / .)

_____

2 3日間ずっと雨が降っている。(been raining / for three days / has / it / .)

_____

現在完了形・現在完了進行形

/50点

1

次の英文の _____ に当てはまる語を、下の ┊┄┄┄┊ の中から選んで書きなさい。
ただし、選択肢は1つ余ります。

2点×5

1 Miki has _____ arrived here. （ミキはちょうどどこに着いたとこだよ。）

2 Have you _____ seen that movie? （あの映画、今までに見たことある?）

3 I haven't finished my homework _____. （宿題、まだ終わってない。）

4 Emi has been to France _____. （エミはフランスに2回行ったことがある。）

5 It has been raining _____ this morning. （今朝からずっと雨が降ってる。）

> already　　ever　　just　　since　　twice　　yet

2

次の英文を、意味順ボックスに正しく書き写しなさい。

3点×4

1 Tom has lived in Japan for two years. （トムは2年日本に住んでいる。）

だれが	する／です	だれ・なに	どこ	いつ	

2 Tom has never eaten *natto*. （トムは納豆を食べたことが一度もないんだ。）

だれが	する／です	だれ・なに	どこ	いつ	

3 Tom has been walking for 30 minutes. （トムは30分も歩き続けている。）

だれが	する／です	だれ・なに	どこ	いつ	

4 How long have you known Tom? （トムのこと、どのくらいの間知ってるの?）

はてな	だれが	する／です	だれ・なに	どこ	いつ	

3 | 次の日本文を英文にしなさい。

4点 × 4

1 トムは 2010 年からピアノを弾いてる

......

2 トムは以前、京都に行ったことあるのかな？

......

3 私たちはここでずっとトムを待っているんですよ。

......

4 トムと私はもう 3 年間友だちだ。

......

4 | 次のそれぞれの場面で、空所①～③に合う英文を現在完了形を使って書きなさい。

4点 × 3

① ......

② ......

③ ......

疑問文は２つの基本パターンを応用する

　新しい文法項目が出てくるたびに、疑問文の作り方を学習してきました。しかし、疑問文の作り方は２つの基本パターンを応用することができます。

前に持っていく

Tetsu can swim fast.
Can Tetsu swim fast?

- 助動詞（can, will, may, should など）の文
- be動詞（is, am, are, was, were）がある文
- 完了形〈have[has] ＋過去分詞〉の文

前に何かを加える

Tetsu speaks English well.
Does Tetsu speak English well?

- 一般動詞（Do, Does, Did）の文
- Do/Does/Did を加えた後の語順は変わらない

前に持っていく

　助動詞、be 動詞、完了形〈have[has] ＋過去分詞〉の have[has] を、先頭に加えた はてな に移動します。

　be 動詞の文は、be 動詞が移動すると する／です は空っぽになります。受け身〈be 動詞＋過去分詞〉や進行形〈be 動詞＋～ing 形〉は、be 動詞だけを はてな に移動し、一部は する／です に残ります。完了形の場合は、する／です に過去分詞が残ります。

はてな	だれが	する／です	だれ・なに	どこ	いつ	
---	You あなたは	have seen 見たことある	that movie あの映画を			.
Have ですか？	you あなたは	seen 見たことある	that movie あの映画を			?

前に何かを加える

　一般動詞の文は、はてな に Do / Does / Did を入れます。する／です の動詞に三単現の s があったり過去形だったりする場合は、原形に戻すのがポイントです。

はてな	だれが	する／です	だれ・なに	どこ	いつ	
---	You あなたは	went 行った		to cram school 塾に	last night 昨夜	.
Did でしたか？	you あなたは	go 行く		to cram school 塾に	last night 昨夜	?

アメリカにホームステイしているタカシが、博物館についてレポートを書きました。タカシのレポートを読んで、あとの問いに答えなさい。

In the United States, a lot of children go to museums with their families or on school trips. Children can learn many things at museums, but the *visits are not always (①) for them. Museums are often very crowded. It's sometimes (②) to have enough time to look at the *exhibits. Also, some museums do not have many activities for young visitors. That sometimes makes children (③) at the museum. Now some museums have a new *program to get more young visitors. They let children (④) overnight.

⑤This program has become popular. It gives children a very *unusual experience. It's very exciting to walk around a museum at night. There aren't too many visitors! The exhibits look different at night! ⑥Children (at the museum / stay / overnight / who) like it very much.

*visit 訪問　*exhibit 展示物　*program もよおし　*unusual あまりない

---

1 ①～③に入る適切な語を次から選び、書きなさい。

bored　　difficult　　fun

① ....　② ....　③ ....

2 ④に入る最も適切な語句を選びなさい。

ア stay　　イ staying　　ウ stayed　　エ will stay

3 下線部⑤について、その内容を日本語で説明しなさい。

....

4 下線部⑥について、（　　）内の語句を正しい順序に並べかえなさい。

Children .... like it very much.

5 レポートの内容と合うものには〇を、合わないものには×をつけなさい。

(1) Many children visit museums in the United States. ＿＿＿＿

(2) People should not go to museums because they are crowded. ＿＿＿＿

(3) Staying overnight at museums is boring for children. ＿＿＿＿

不定詞・分詞の後置修飾

　現在分詞や過去分詞は、名詞に説明を加えて名詞のカタマリをつくります (p. 80「意味順23」)。その
つくり方には、2つのタイプがあります。

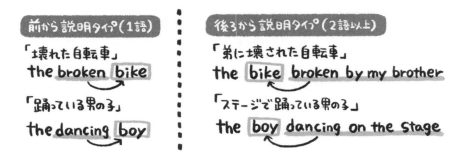

　「前から説明タイプ」は、現在分詞・過去分詞1語の場合です。一方、**broken by my brother** や
dancing on the stage のように2語以上でまとまって説明する場合は「後ろから説明タイプ」に
なります。英語では、後ろから説明されている名詞のカタマリがよく使われます。

　また、不定詞の形容詞的用法も「後ろから説明タイプ」です。 (p. 44「意味順 09」)

　さらに、「前から」と「後ろから」を組み合わせてできている名詞のカタマリもあります。

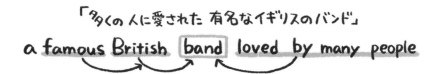

　このような長いカタマリを使うと長い文になりますが、意味順ボックスに入れてみると、文の構造
はシンプルなことがわかります。

だれが	する／です	だれ・なに	
The Beatles ビートルズは	was でした	a famous British **band** loved by many people 多くの人に愛された有名なイギリスのバンド	.

練習しよう 不定詞・分詞の後置修飾

1 | 次の文の中から3語以上の名詞のカタマリを見つけて ◯ で囲み、日本語にしましょう。

例 I know |the tall boy running over there|.

(向こうで走っている背の高い男の子   )

1 The girls singing on the stage are my classmates.

(   )

2 Look at the broken window.

(   )

3 I want something to eat.

(   )

2 | 日本語に合うように並べかえて名詞のカタマリをつくりましょう。

1 眠（ねむ）っている赤ちゃん （ baby / the / sleeping ）

----

2 この週末に読む本 （ weekend / some / to / this / books / read ）

----

3 イギリス製の自動車 （ the U.K. / a / made / car / in ）

----

3 | 2を参考に、日本文の意味に合う英文をつくりましょう。

1 彼のお父さんはイギリス製の車を運転しているんだ。

----

2 この週末に読む本を何冊か貸してください。

「○○が〜する□□」① 〈関係代名詞：主格〉

「北海道に住んでいるいとこ」のように文の形で〈人〉や〈もの〉を説明するには、関係代名詞を使います。関係代名詞は名詞を後ろから説明し、名詞のカタマリをつくります。関係代名詞が説明する名詞を先行詞といいます。

▶ **僕には北海道に住んでいるいとこがいるんだ。**

だれが	する/です	だれ・なに		どこ	いつ
I 私は	have 持っている	a cousin who lives in Hokkaido いとこ　（その人は）　北海道に住んでいる			

この文は、次のような仕組みになっています。 だれ・なに の中を確認しましょう。

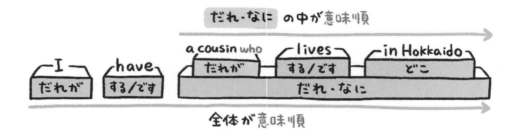

この文では a cousin が先行詞です。a cousin は だれ・なに の中で主語になっています。このときの関係代名詞を主格の関係代名詞といいます。who の後ろの動詞の形は先行詞に合わせます。

関係代名詞でつくる名詞のカタマリは、 だれが でも使うことができます。

▶ 北海道に住んでいるいとこは 、よく僕に電話をかけてくるよ。
　 A cousin who lives in Hokkaido often calls me.

主格の関係代名詞は、先行詞が〈人〉か〈もの〉かによって以下のように使い分けます。

　　　　who … 先行詞が〈人〉
　　　　which … 先行詞が〈もの〉
　　　　that … 先行詞が〈人〉でも〈もの〉でも使える

▶ **『トイ・ストーリー』は私を幸せな気分にする映画だよ。**

だれが	する/です	だれ・なに		どこ	いつ
Toy Story 『トイ・ストーリー』は	is です	a movie which[that] makes me happy 映画　（それは）　私を幸せな気分にする			

✏️ **練習しよう** 関係代名詞：主格

1 | 例を参考に、関係代名詞 who か which を補い、与えられた動詞を適切な形にしましょう。

例 コンピュータをよく知っている友人 (know)

a friend ___who___ ___knows___ computers well

1 日本に来た先生 (come) a teacher _____ _____ to Japan

2 韓国出身の歌手 (be) artists _____ _____ from South Korea

3 建てられた校舎 (build) the school building _____ was _____

2 | 日本語に合うように、1を参考にして色付きのボックスに適切な語句を補いましょう。

1 私にはコンピュータに詳しい友人がいます。

だれが	する／です	だれ・なに	
I	have	_____ well	.

2 クリスは日本に 10 年前に来た先生です。

だれが	する／です	だれ・なに	
Chris	is	_____ ten years ago	.

3 2018 年に建設された校舎は、とても素敵です。

だれが	する／です	だれ・なに	
_____ in 2018	is	very nice	.

3 | 日本語に合うように、語句を並べかえて、英文をつくりましょう。

1 これは部屋の掃除ができるロボットです。
(a robot / can clean / is / rooms / that / this / .)

_____

2 姉は薬を作る会社で働いています。
(a company / makes medicine / my sister / works for / which / .)

_____

「○○が〜する□□」② 〈関係代名詞：目的格〉

関係代名詞を含む文では、関係代名詞が だれ・なに の働きをするときもあります。この働きの関係代名詞は、which と that です。先行詞が〈人〉のときは that を使います。

▶ **テイラー・スウィフトは、私が尊敬する歌手です。**

だれが	する／です	だれ・なに	どこ	いつ	
Taylor Swift	is	the singer that I respect			.
テイラー・スウィフトは	です	歌手　　　　私は（その人を）尊敬する			

この文は、次のような仕組みになっています。 だれ・なに の中を確認しましょう。

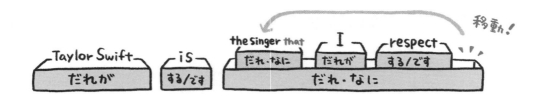

関係代名詞 that の先行詞は the singer です。この the singer は I respect the singer（私はその歌手を尊敬しています）という文で だれ・なに （目的語）の位置に入ります。そのため、この関係代名詞を目的格の関係代名詞といいます。

主格の関係代名詞の後ろは する／です が続きますが、目的格の関係代名詞の後ろには、必ず だれが する／です が続きます。

主格の関係代名詞 ▶ Rob is an ALT that can speak Japanese well.
　　　　　　　　　　　　　　　　する／です　　だれ・なに

目的格の関係代名詞 ▶ Rob is an ALT that 　I 　respect .
　　　　　　　　　　　　　　　　　　だれが　する／です

先行詞が〈もの〉の場合は、which を使うこともできます。

▶ **昨日買った本を今持ってる?**

はてな	だれが	する／です	だれ・なに	
Do	you	have	the book which[that] you bought yesterday	?
ですか?	あなたは	持っている	本　　　　あなたは昨日（それを）買った	

1 例を参考に、先行詞がものには **which**、人には **that** を補い、与えられた動詞を適切な形にしましょう。

例 きみが買ったスマートフォン (buy)　the smartphone ＿which＿ you ＿bought＿

1 妹が大好きな選手 (love)　the player ＿＿＿＿ my sister ＿＿＿＿

2 おじが私にくれた時計 (give)　the watch ＿＿＿＿ my uncle ＿＿＿＿ me

3 みんなが知っている女優 (know)　an actress ＿＿＿＿ everyone ＿＿＿＿

2 日本語に合うように、1を参考にして色付きのボックスに適切な語句を補いましょう。

1 あちらは私の妹が大好きなサッカー選手です。

だれが	する／です	だれ・なに
That	is	.

2 これが先月、おじが私にくれた時計です。

だれが	する／です	だれ・なに
This	is	last month　.

3 北川景子さんは、みんなが知っている女優です。

だれが	する／です	だれ・なに
Kitagawa Keiko	is	.

3 日本語に合うように、語句を並べかえて、英文をつくりましょう。

1 こちらは、母が好きな役者です。(likes / my mother / the actor / this is / that / .)

2 これは先月、私が見た映画です。(I saw / the movie / last month / this is / which / .)

3 先週きみが買ったスマートフォン見せてくれる？
(can you / the smartphone / which / last week / show me / you bought / ?)

「○○が〜する□□」③〈関係代名詞の省略〉

目的格の関係代名詞は、省略することができます。目的格の関係代名詞を省略する表現は、英語の日常表現ではとてもよく使われます。

▶ テイラー・スウィフトは私が尊敬する歌手です。

だれが	する／です	だれ・なに	どこ	いつ	
Taylor Swift	is	a singer (that) I respect			.
テイラー・スウィフトは	です	歌手　私は (その人を) 尊敬する			

↑ 目的格の関係代名詞 that は省略できる

▶ 私たちが作った動画は素晴らしかった。

だれが	する／です	だれ・なに	どこ	いつ	
The video (which) we made	was	wonderful			.
その動画は　私たちが (それを) 作った	でした	素晴らしい			

↑ 目的格の関係代名詞 which は省略できる

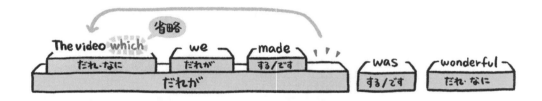

省略できるのは、先行詞の後ろに だれが する／です が続く、目的格の関係代名詞だけです。主格の関係代名詞は省略できません。

主格 あれは大阪行きのバスです。

That is the bus which goes to Osaka .
　　　　〈先行詞〉　　　する／です

目的格 あれは昨日私たちが乗ったバスです。

That is the bus (which) we　took　yesterday .
　↓　　〈先行詞〉　　だれが　する／です

That is the bus we took yesterday .

1 | 例を参考に、関係代名詞が省略されている箇所に斜線（／）を入れましょう。

例 先週、受け取ったハガキ　the postcard ／ I received last week

1 姉が使っていた自転車　the bicycle my sister used

2 きみが去年撮った写真　the pictures you took last year

3 昨夜見た試合　the game I watched last night

2 | 日本語に合うように、1を参考にして色付きのボックスに適切な語句を補いましょう。

1 これが先週、私が受け取ったハガキです。

だれが	する／です	だれ・なに	
This	is		.

2 これは姉が使っていた自転車です。

だれが	する／です	だれ・なに	
This	is		.

3 きみが去年撮った写真を見つけました。

だれが	する／です	だれ・なに	
I	found		.

3 | 日本語に合うように、語句を並べかえて、英文をつくりましょう。

1 きみが昨日撮った写真、きれいだよ。
(are / beautiful / the pictures / took yesterday / you / .)

2 昨夜私が見た試合はおもしろかったです。
(I / interesting / last night / the game / was / watched / .)

3 これは私が小学生の時に描いた絵です。
(an elementary school student / this is / I drew / I was / the picture / when / .)

つなぐ	だれが	する/です	だれ・なに	どこ	いつ

「〜だったら」と仮定する〈仮定法過去〉

「もし私があなただったら」「私が鳥だったら」のように、〈現実とは違うこと〉について仮想や願望を表す場合は、仮定法という表現を使います。仮定法では、接続詞の **if** を使い、〈現実とは違うこと〉を伝えるために、現在のことでも「過去形」を使います。

仮定法の文 ▶ もし私があなただったら、彼にごめんって言うのに。

⬇ 「私があなた」は現実とは違うので過去形の were を使う
（仮定法では主語が誰でも be 動詞は were になる）

つなぐ	だれが	する／です	だれ・なに	どこ	いつ	
If もし〜なら	I 私が	were でした	you あなた			⤵
--- 	I 私は	would say 言うだろうに	sorry to him ごめんと　彼に			⬎

⬆ if の段が過去形になったので、will ではなく過去形の would を使う

仮定法の文 ▶ もし私が今、愛犬の写真を何枚か持ってたら、あなたに見せられるのに。

つなぐ	だれが	する／です	だれ・なに	どこ	いつ	
If もし〜なら	I 私が	had 持っていたら	some pictures of my dog 愛犬の写真を何枚か		now 今	⤵
--- 	I 私が	could show 見せることができるのに	them to you それらを　あなたに			⬎

仮定法は **I wish 〜 .**（〜だったらなあ）という文でも使えます。**I wish** の後ろに続く内容が〈現実とは違うこと〉を伝えるために動詞を過去形にします。be 動詞は **were** になります。

I wish I were an English teacher.

（私が英語の先生だったらなあ…。）

I wish I had one billion yen now.

（僕が今 10 億円持ってたらなあ…。）

if を使った仮定法の文の形は、「意味順 28」で学習した条件の文と似ています。条件の文は、現実に起こり得ることを表すので、現在形を使います。

条件の文 ▶ もし暇（ひま）なら、この部屋の本どれでも読んでいいよ。

If you are free now, you can read any book in this room.

⬆ 「暇である」のは誰にでも起こり得ることなので現在形の are

1 ｜ 例を参考に、（　　）内の動詞を過去形にしましょう。

例 もっと早く来ていれば、(arrive)　If you ___arrived___ earlier,

1 彼女の住所を知っていたら、(know)　If I ＿＿＿＿＿＿ her address,

2 アメリカ人だったら、(be)　If I ＿＿＿＿＿＿ an American,

3 〜を持っていたらなあ。(have)　I wish I ＿＿＿＿＿＿ 〜 .

2 ｜ 日本語に合うように、色付きのボックスに適切な語を補い、文を完成させましょう。

1 きみがもっと早く着いていれば、あの電車に乗れるのに。

つなぐ	だれが	する／です	だれ・なに	どこ	いつ	
If	you				earlier	,
---	we	get	that train			.

2 サトミの住所を知っていたら、年賀状を送るのに。

つなぐ	だれが	する／です	だれ・なに	どこ	いつ	
If	I		Satomi's address			,
---	I	send	her a New Year's greeting			.

3 アメリカ人だったら、英語を上手に話せるのに。

つなぐ	だれが	する／です	だれ・なに	どこ	いつ	
If	I		an American			,
---	I	speak	English well			.

3 ｜ 日本語に合うように、語句を並べかえて、英文をつくりましょう。

1 イヌだったらなあ。(a dog / I were / I wish / .)

2 スマートフォンを持っていたらなあ。(a smartphone / I had / I wish / .)

\だれが/		\だれ・なに/		
	する/です		どこ	いつ

関係代名詞の後置修飾

関係代名詞を使うと、さまざまな名詞のカタマリをつくることができます。

a friend who has three sisters （3人の姉妹がいる**友だち**）
➡ 主格の関係代名詞：意味順 36

the bike which you ride every day （きみが毎日乗っている**自転車**）
➡ 目的格の関係代名詞：意味順 37

the girl (that) we saw near the library yesterday （昨日私たちが図書館の近くで見かけた**女の子**）
➡ 関係代名詞の省略：意味順 38

日本語では「友だち」「自転車」「女の子」が名詞のカタマリのいちばん後ろにあります。しかし、英語では説明したい名詞をカタマリの先頭に置いて後ろに説明を加えることがよくあります。

このような名詞のカタマリは、文の中の だれが あるいは だれ・なに で使うことができます。

▶ **アヤは、昨日僕らが図書館の近くで見かけたあの子だよ。**

だれが	する／です	だれ・なに	
Aya アヤは	is です	the girl we saw near the library yesterday 昨日私たちが図書館の近くで見かけた女の子	▲

⬆ 文全体の動詞

▶ **僕が昨日買った本は、とてもおもしろかったよ。**

だれが	する／です	だれ・なに	いつ	
The book which I bought yesterday 私が昨日買った本は	was でした	really interesting 本当におもしろい		▲

⬆ 文全体の動詞

関係代名詞の文では、上の2つの文のように is と saw、bought と was という2つの動詞が1つの文の中に登場することになります。しかし、saw や bought が名詞のカタマリの一部だとわかれば、 する／です に入る文全体の動詞がわかります。

名詞のカタマリがわかると、英文を速く、正確に読めるようになります。

1 次の文の中から3語以上の名詞のカタマリを見つけて 〔　〕 で囲み、日本語にしましょう。

例 〔A friend who lives in Nagano〕is going to visit me tomorrow.

（ 長野に住んでいる友だち　　　　　　　　　　　　　　　　　　 ）

1 Look at the pictures which my brother took.

（　　　　　　　　　　　　　　　　　　　　　　　　　　　　 ）

2 Mr. Takahashi is the teacher who taught math to us last year.

（　　　　　　　　　　　　　　　　　　　　　　　　　　　　 ）

3 The woman we met last night was very tall.

（　　　　　　　　　　　　　　　　　　　　　　　　　　　　 ）

2 日本語に合うように単語を並べかえて名詞のカタマリをつくりましょう。

1 髪の長い男の子　(boy / hair / has / long / the / who)

----

2 私が昨年読んだ本　(book / I / last / read / that / the / year)

----

3 私が毎週見るアニメ　(anime / every / I / the / watch / week)

----

3 2を参考に、日本文の意味に合う英文をつくりましょう。

1 私が毎週見るアニメはドラえもんです。

----

2 あの髪の長い男の子を知ってますか。

----

1 次の英語が「文」の場合は○を、「名詞のカタマリ」の場合は△を、＿＿＿内に書きなさい。ただし、先頭の文字も小文字で示し、ピリオド（.）も省略してあります。　2点×7

例 the food which Japanese people like 　　△

1 the man who lives in Kyoto 　＿＿＿

2 the man lives in Kyoto 　＿＿＿

3 some cars which were made in Germany 　＿＿＿

4 the song you like 　＿＿＿

5 you like the song 　＿＿＿

6 many good places that you can visit 　＿＿＿

7 the girl went to a library yesterday 　＿＿＿

2 次の英文を読んで、そのあとの質問の答えとなる語句を抜き出しなさい。それを説明している部分も含めること。　4点×3

例 Taku wants to be a soccer player.
タクがなりたいものは？

　a soccer player

1 Sushi is a food that everyone likes.
寿司ってどんなもの？

2 Tom uses the pen which he got from his brother.
トムが使っているのは？

3 Where is the man you saw at the convenience store?
探しているのはどんな人？

3 │ 次の日本文を英文にしなさい。

4点×3

1 トムは静岡に住んでいる少年です。

---

2 私たちのクラスでいちばん速く走れる生徒はトムです。

---

3 トムはポケットがたくさんついているその新しいかばんを気に入っています。

---

4 │ 下のキーワードを参考にして、関係代名詞を使い、それぞれの名詞を説明する英文を完成させなさい。

4点×3

例 **an elephant** (象)

An elephant is a very large animal which has a long nose.

1 a teacher

---

2 a rabbit

---

3 a sunflower (ひまわり)

---

animal	ears	flowers	large	long
nose	person	plant	school	small
tall	teach	yellow		

1 〈放送を聞いて答える問題〉　🎧 Track 53

　この問題は、放送される英文とその内容についての質問の答えとして最も適切なものを選ぶ問題です。問題の指示は全て放送によって行います。放送による指示に従って答えなさい。放送中にメモをとってもかまいません。

(1)

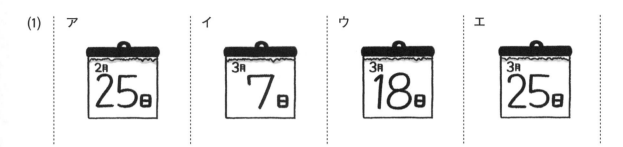

(2)

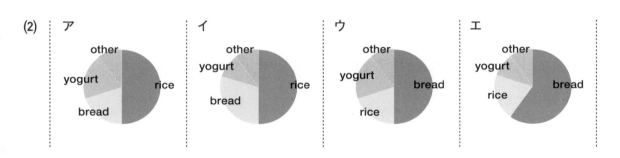

(3)　ア　What kind of movie do you like?
　　　イ　Can I look at your student ID card?
　　　ウ　How did you come here today?
　　　エ　How often do you come here?

(4)　ア　Please say that one more time.
　　　イ　Sorry, I can't hear you.
　　　ウ　Please be quiet.
　　　エ　Do you have the textbook?

1	(1)	(2)	(3)	(4)	(4点×4)

2 (1) から (4) の空所に入る最も適切なものを選び、その記号を解答欄に書きなさい。

(1) I (   ) with Yuki ten minutes ago.

ア talk   イ have talked   ウ to talk   エ talked

(2) If I knew the news, I (   ) tell it to you.

ア can   イ may   ウ will   エ would

(3) Ms. Ohno is good at (   ) pictures.

ア to draw   イ drawing   ウ draw   エ drew

(4) (   ) my sister felt sick, she went to the concert.

ア Although   イ Because   ウ If   エ So

3 (1)から (4)の会話について、空所に入る最も適切なものを選び、その記号を解答欄に書きなさい。

(1)   *Father:* Did you finish your homework?
    Daughter: I've (   ) done it. Why?

ア already   イ always   ウ anytime   エ sometimes

(2)   *Sister:* You've been busy recently. You should take a rest.
    Brother: Don't worry. (   ). I'm OK.

ア I know it well   イ I took a bath   ウ I sleep enough   エ I have a cold

(3)   *Teacher:* Don't touch this wall.
    Student: Why?
    Teacher: It's broken. (   )

ア I want an old wall.   イ I have to buy it.
ウ It must be repaired.   エ It's easy to make.

(4)   *Son:* Look! I baked an apple pie for Dad.
    Mother: It looks delicious! (   )

ア Can you eat it?   イ Sorry that I can't.
ウ Where did you buy it?   エ I'm sure he will love it.

2	(1)	(2)	(3)	(4)	(4点×4)

3	(1)	(2)	(3)	(4)	(4点×4)

4 次の英文を読んで、あとの問いに答えなさい。

"Are you going to buy a *plastic bag?" When I was asked this at the supermarket for the first time, I couldn't understand the meaning of the question. As you know now, it means (①). In Japan, plastic shopping bags were free, but ②it changed in July 2020. ③(buy / you / you / them / have to / if / in the store / need / plastic bags). Because of this, using your own shopping bag has become *common. I always carry one too. Then, why was this *movement begun? Because our *planet is in danger.

Plastic waste has become a big problem around the world. The waste may go into the sea and sometimes be eaten by fish or sea animals. They *are sickened or die from that. ④Plastic bags are (use) in many ways. However, they can become such waste.

Plastic bags are useful, but we have to think of environmental problems. In Toyama, stores stopped giving free plastic bags in April 2008. Now more than 90% of the *customers use their own bags there. It is natural for people in Toyama to carry their own shopping bags. I think it's (⑤) to take an action.

(⑥) our own bags may become the first step to save the earth. ⑦What can we do for our planet in our daily lives?

      ＊plastic bag ビニール袋。ここでは店で使うレジ袋のこと。　＊common 一般的な、よくある
      ＊movement 動き、取り組み　＊planet 惑星　＊be sickened 病気になる　＊customer 客

(1) 本文の流れに合うように、(①) に入る最も適切なものをア～エから選びなさい。

  ア　"Do you have money?"

  イ　"Do you have your own bag?"

  ウ　"Did you finish the shopping?"

  エ　"Why do you bring your bag?"

(2) 下線部②について、it が表すことを明らかにして日本語で説明しなさい。

(3) 下線部③について、( ) 内の語句を正しい語順に並べかえ、文を完成させなさい。

(4) 下線部④について、( ) 内の語を適切な形にしなさい。

(5) (⑤) に入る最も適切な語を次のア～エから選びなさい。

  ア　difficult

  イ　exciting

  ウ　important

  エ　surprising

(6) （ ⑥ ）に入る最も適切な語を次の**ア**～**エ**から選びなさい。

ア Use

イ Used

ウ Using

エ Not using

(7) 本文の内容と合うものを**ア**～**エ**から２つ選びなさい。

ア You cannot get a plastic bag for free in Japan now.

イ You should not go to supermarkets often.

ウ Some animals eat plastic bags and die to save the earth.

エ Most of the people use their own shopping bags in Toyama.

(8) 下線部⑦の問いに対して、例をあげてあなたの答えを５文以上の英語で書きなさい。

4 | **(1)** | | (4点×1) |

| **(2)** | | (6点×1) |

| **(3)** | | (6点×1) |

| **(4)** | **(5)** | **(6)** | **(7)** | (4点×4) |

| **(8)** | | (20点×1) |

追加ボックスのまとめ

この本の【ドリル1】と【ドリル2】で登場する追加ボックスです。それぞれのボックスの使い方は、各意味順セクションで確認しましょう。

はてな

【ドリル1】

意味順 03	be 動詞の疑問文
意味順 12・13	一般動詞の疑問文
意味順 16	疑問詞 Who/What
意味順 18〜20	疑問詞 How
意味順 23	疑問詞 Where
意味順 24	疑問詞 Whose
意味順 25	疑問詞 Which
意味順 28	be 動詞の過去形の疑問文
意味順 32	一般動詞の過去形の疑問文
意味順 35	疑問詞 When
意味順 38	現在進行形の疑問文
意味順 41	過去進行形の疑問文

【ドリル2】

疑問文

| 意味順 31 | 間接疑問文 |

選択肢

【ドリル1】

| 意味順 25 | 疑問詞 Which |

【ドリル2】

| 意味順 16 | 形容詞の比較級 |
| 意味順 18 | 副詞の比較級・最上級 |

どうやって

【ドリル1】

| 意味順 20 | 疑問詞 How |

だれが　する/です　だれ・なに　どこ　いつ

つなぐ

【ドリル2】

意味順 26	接続詞 when
意味順 27	接続詞 because
意味順 28	接続詞 if
意味順 29	感情の理由や内容を説明する that
意味順 30	名詞のカタマリをつくる that

目的

【ドリル2】

| 意味順 08 | 不定詞：副詞的用法 |

比べる

【ドリル2】

意味順 16	形容詞の比較級
意味順 18	副詞の比較級・最上級
意味順 19	比較級・最上級のつくり方
意味順 20	as ... as

不規則動詞変化表

この本の【ドリル1】と【ドリル2】で登場する不規則動詞の一覧です。

原形	過去形	過去分詞
be (am / is / are)	was / were	been
break	broke	broken
bring	brought	brought
build	built	built
buy	bought	bought
catch	caught	caught
come	came	come
do	did	done
draw	drew	drawn
drink	drank	drunk
drive	drove	driven
eat	ate	eaten
feel	felt	felt
find	found	found
forget	forgotten [forgot]	forgotten [forgot]
get	gotten [got]	gotten [got]
give	gave	given
go	went	gone
have / has	had	had
hear	heard	heard
keep	kept	kept
know	knew	known
leave	left	left
lend	lent	lent
lose	lost	lost
make	made	made
meet	met	met
put	put	put

原形	過去形	過去分詞
read	read	read
ride	rode	ridden
run	ran	run
say	said	said
see	saw	seen
send	sent	sent
show	showed	shown
sing	sang	sung
sit	sat	sat
sleep	slept	slept
speak	spoke	spoken
stand	stood	stood
swim	swam	swum
take	took	taken
teach	taught	taught
tell	told	told
think	thought	thought
understand	understood	understood
wake	woke	waken
win	won	won
write	wrote	written

Mr. Kato goes to Chichibu every weekend.

Mr. Kato went to Chichibu last week.

基本文チェックリスト

 基本 01 ～ 04
意味順ボックスに入るもの

☐ ケンは毎日、サッカーをする。⊕ 基本 01

だれが	する／です	だれ・なに	どこ	いつ	
Ken	plays	soccer		every day	.

☐ 5 年前はサッカー選手だった。⊕ 基本 02

だれが	する／です	だれ・なに	どこ	いつ	
I	was	a soccer player		five years ago	.

☐ 昨日、サッカーしたよ。⊕ 基本 02

だれが	する／です	だれ・なに	どこ	いつ	
I	played	soccer		yesterday	.

☐ ジュンって親切だよ。⊕ 基本 03

だれが	する／です	だれ・なに	どこ	いつ	
Jun	is	kind			.

☐ 日曜日に、公園でイヌの散歩をする。⊕ 基本 04

だれが	する／です	だれ・なに	どこ	いつ	
I	walk	my dog	in the park	on Sundays	.

 意味順 01 ～ 05
助動詞

☐ ユカは一輪車に乗ることができる。⊕ 意味順 01

だれが	する／です	だれ・なに	どこ	いつ	
Yuka	can ride	a unicycle			.

□ 今、私の赤ペンを使っていいよ。 ➡ 意味順 02

だれが	する／です	だれ・なに	どこ	いつ	
You	may use	my red pen		now	.

□ メグは今日、自分の部屋を掃除しなければならないんだよ。 ➡ 意味順 02

だれが	する／です	だれ・なに	どこ	いつ	
Meg	must clean	her room		today	.

□ きみ、1日休んだほうがいいよ。 ➡ 意味順 02

だれが	する／です	だれ・なに	どこ	いつ	
You	should take	a day off			.

□ あなたの辞書を使ってもいい？ ➡ 意味順 03

はてな	だれが	する／です	だれ・なに	どこ	いつ	
May	I	use	your dictionary			?

□ ドアを開けましょうか？ ➡ 意味順 03

はてな	だれが	する／です	だれ・なに	どこ	いつ	
Shall	I	open	the door			?

□ 一緒にカフェに行きませんか？ ➡ 意味順 03

はてな	だれが	する／です	だれ・なに	どこ	いつ	
Shall	we	go		to a café		?

□ 窓、開けてくれる？ ➡ 意味順 04

はてな	だれが	する／です	だれ・なに	どこ	いつ	
Will	you	open	the window			?

□ あなたのパソコンを貸してもらえませんか。 ➡ 意味順 04

はてな	だれが	する／です	だれ・なに		どこ	いつ	
Can	you	lend	me	your PC			?

□ 私を手伝っていただけませんか。 ➡ 意味順 04

はてな	だれが	する／です	だれ・なに	どこ	いつ	
Could	you	help	me			?

□ 今日の午後、おじさんを訪ねようと思います。 ➡ 意味順 05

だれが	する／です	だれ・なに	どこ	いつ	
I	will visit	my uncle		this afternoon	.

□ 今日の午後、おじさんを訪ねることになっています。 ➡ 意味順 05

だれが	する／です	だれ・なに	どこ	いつ	
I	am going to visit	my uncle		this afternoon	.

📖 意味順 06 〜 10
動名詞・不定詞

「走ること」
running

「公園で走ること」
running in the park

□ 泳ぐことは私の趣味です。 ➡ 意味順 06

だれが	する／です	だれ・なに	どこ	いつ	
Swimming	is	my hobby			.

□ 父は午前中に洗車を終えた。 ➡ 意味順 06

だれが	する／です	だれ・なに	どこ	いつ	
My father	finished	washing his car		in the morning	.

□ 学校で教えることが私の夢です。 ➡ 意味順 07

だれが	する／です	だれ・なに	どこ	いつ	
To teach at school	is	my dream			.

□ 私は6時までに家に帰る必要があった。 ➡ 意味順 07

だれが	する／です	だれ・なに	どこ	いつ	
I	needed	to come home by 6 p.m.			

□ ミキは、将来先生になるために、熱心に勉強する。 ➡ 意味順 08

だれが	する／です	だれ・なに	どこ	いつ	
Miki	studies	hard			
---	to become	a teacher		in the future	.

□ 私はそのとき飲み水が必要だった。 ➡ 意味順 09

だれが	する／です	だれ・なに	どこ	いつ	
I	needed	some water to drink		then	.

□ ミクにとってカレーライスを作るのは難しい。 ➡ 意味順 10

だれが	する／です	だれ・なに	どこ	いつ	
It	is	difficult			
for Miku	to cook	curry and rice			.

いろいろな文 意味順 11〜23

□ ヒロはとても疲れてそうだね。➔ 意味順 11

だれが	する／です	だれ・なに	どこ	いつ	
Hiro	looks	very tired			.

□ 5 年前、おじいちゃんが私にこのピアノをくれた。➔ 意味順 12

だれが	する／です	だれ・なに		どこ	いつ	
My grandpa	gave	me	this piano		five years ago	.

□ この歌は私を幸せな気分にする。➔ 意味順 13

だれが	する／です	だれ・なに		どこ	いつ	
This song	makes	me	happy			.

□ 加藤先生は授業中にトイレに行かせてくれた。➔ 意味順 14

だれが	する／です	だれ・なに		どこ	いつ	
Mr. Koto	let	me	go to the bathroom		during the class	.

□ この町には 3 つの高校があるよ。➔ 意味順 15

だれが	する／です	だれ・なに	どこ	いつ	
There	are	three high schools	in this city		.

□ ケンジは伊藤先生より背が高い。➔ 意味順 16

だれが	する／です	だれ・なに	どこ	いつ	比べる	
Kenji	is	taller			than Mr. Ito	.

□ 赤いかばんと青いかばんでは、どっちのほうが軽いの？ ⊕ 意味順 16

はてな	だれが	する／です	だれ・なに	どこ	いつ	選択肢	
Which	---	is	lighter,			the red bag or the blue one	?

□ ケイの車は、その3台の中でいちばん小さい。 ⊕ 意味順 17

だれが	する／です	だれ・なに	どこ	いつ	
Kei's car	is	the smallest	of the three		.

□ トシはシュンより速く走るよ。 ⊕ 意味順 18

だれが	する／です	だれ・なに	どこ	いつ	比べる	
Toshi	runs	faster			than Shun	.

□ トシはクラスでいちばん速く走る。 ⊕ 意味順 18

だれが	する／です	だれ・なに	どこ	いつ	
Toshi	runs	(the) fastest	in his class		.

□ シュンはトシよりゆっくり走る。 ⊕ 意味順 19

だれが	する／です	だれ・なに	どこ	いつ	比べる	
Shun	runs	more slowly			than Toshi	.

□ 数学は9教科の中でいちばん難しい。 ⊕ 意味順 19

だれが	する／です	だれ・なに	どこ	いつ	
Math	is	the most difficult	of the nine subjects		.

☐ うちのイヌは、ジュンのネコと同じくらいの歳です。⊕ 意味順 20

だれが	する／です	だれ・なに	どこ	いつ	比べる	
My dog	is	as old			as Jun's cat	.

☐ ゲンキは私と同じくらい熱心にサッカーを練習する。⊕ 意味順 20

だれが	する／です	だれ・なに		どこ	いつ	比べる	
Genki	practices	soccer	as hard			as I [me]	.

☐ 僕のコンピュータはミキに壊された。⊕ 意味順 21

だれが	する／です	だれ・なに	どこ	いつ	
My computer	was broken	by Miki			.

☐ 日本語はこの国では話されていません。⊕ 意味順 22

だれが	する／です	だれ・なに	どこ	いつ	
Japanese	isn't spoken		in this country		.

☐ 当時、その映画は多くの人に好まれていましたか。⊕ 意味順 22

はてな	だれが	する／です	だれ・なに	どこ	いつ	
Was	the movie	liked	by many people		at that time	?

☐ 美空ひばりは日本人に愛されている歌手です。⊕ 意味順 23

だれが	する／です	だれ・なに	
Misora Hibari	is	a singer loved by Japanese people	.

My computer was broken by Miki.

コンピュータが壊されちゃったんだ

□ 向こうで走っている女の子はトモミです。 ➡ 意味順 23

だれが	する／です	だれ・なに	どこ	いつ	
The girl running over there	is	Tomomi			.

意味順 24 ～ 31

不定詞・接続詞・間接疑問

□ 弟はギターの弾き方を知っている。 ➡ 意味順 24

だれが	する／です	だれ・なに	どこ	いつ	
My brother	knows	how to play the guitar			.

□ 私は、あなたにあの本を読んでほしい。 ➡ 意味順 25

だれが	する／です	だれ・なに		どこ	いつ	
I	want	you	to read that book			.

□ 私が忙しいとき、妹がイヌを散歩させます。 ➡ 意味順 26

つなぐ	だれが	する／です	だれ・なに	どこ	いつ	
---	My sister	walks	my dog			
when	I	am	busy			.

□ ジュンは疲れていたので早く寝ました。 ➡ 意味順 27

つなぐ	だれが	する／です	だれ・なに	どこ	いつ	
---	Jun	went to bed			early	
because	he	was	tired			.

□ のどがかわいているなら、紅茶を1杯いれてあげよう。 ➡ 意味順28

つなぐ	だれが	する／です	だれ・なに		どこ	いつ	
---	I	will make	you	a cup of tea			
if	you	are	thirsty				.

□ きみが来てくれて私はうれしい。 ➡ 意味順29

つなぐ	だれが	する／です	だれ・なに	どこ	いつ	
---	I	am	glad			
that	you	came		here		.

□ 僕は加藤先生が埼玉に住んでいることを知っている。 ➡ 意味順30

つなぐ	だれが	する／です	だれ・なに	どこ	いつ	
---	I	know				
that	Mr. Kato	lives		in Saitama		.

□ シュンがその時どこにいたか知ってる？ ➡ 意味順31

はてな	だれが	する／です	だれ・なに	どこ	いつ	
Do	you	know				
where	Shun	was			at that time	?

□ 高田先生は何が好きか知ってるよ。 ➡ 意味順31

はてな	だれが	する／です	だれ・なに	どこ	いつ	
---	I	know				
what	Mr. Takada	likes				.

文❶ My sister walks my dog ──(when)── 文❷ I am busy

現在完了形・現在完了進行形

☐ 私はタイ料理を何回も食べたことがあるよ。 ➔ 基本 32

だれが	する／です	だれ・なに	どこ	いつ	
I	have eaten	Thai food		many times	.

☐ 私はあの男の人に一度も会ったことがない。 ➔ 基本 32

だれが	する／です	だれ・なに	どこ	いつ	
I	have never met	that man			.

☐ これまでに奈良に行ったことある？ ➔ 意味順 32

はてな	だれが	する／です	だれ・なに	どこ	いつ	
Have	you	ever been		to Nara		?

☐ 宿題、もう終わってるよ。 ➔ 意味順 33

だれが	する／です	だれ・なに	どこ	いつ	
I	have already finished	my homework			.

☐ 私はまだ宿題終わってないんだ。 ➔ 意味順 33

だれが	する／です	だれ・なに	どこ	いつ	
I	haven't finished	my homework		yet	.

☐ もう宿題は終わってるの？ ➔ 意味順 33

はてな	だれが	する／です	だれ・なに	どこ	いつ	
Have	you	finished	your homework		yet	?

□ トムのこと、もう 10 年知ってるよ。 ➡ 意味順 34

だれが	する／です	だれ・なに	どこ	いつ	
I	have known	Tom		for ten years	.

□ どのくらいの間、具合が悪いの？ ➡ 意味順 34

はてな	だれが	する／です	だれ・なに	どこ	いつ	
How long have	you	been sick				?

□ シュンタは 2 時間ずっと英語を勉強し続けています。 ➡ 意味順 35

だれが	する／です	だれ・なに	どこ	いつ	
Shunta	has been studying	English		for two hours	.

□ ここで、どれくらい待っているの？ ➡ 意味順 35

はてな	だれが	する／です	だれ・なに	どこ	いつ	
How long have	you	been waiting		here		?

意味順 36 〜 39
関係代名詞・仮定法過去

昨日あれに乗ったの

□ 僕には北海道に住んでいるいとこがいるんだ。 ➡ 意味順 36

だれが	する／です	だれ・なに	どこ	いつ	
I	have	a cousin who lives in Hokkaido			.

□ 『トイ・ストーリー』は私を幸せな気分にする映画だよ。 ➡ 意味順 36

だれが	する／です	だれ・なに	どこ	いつ	
Toy Story	is	a movie which[that] makes me happy			.

□ テイラー・スウィフトは、私が尊敬する歌手です。 ➡ 意味順 37

だれが	する／です	だれ・なに	どこ	いつ	
Taylor Swift	is	the singer that I respect			.

□ 昨日買った本を今持ってる？ ➡ 意味順 37

はてな	だれが	する／です	だれ・なに	
Do	you	have	the book which[that] you bought yesterday	?

□ テイラー・スウィフトは、私が尊敬する歌手です。 ➡ 意味順 38

だれが	する／です	だれ・なに	どこ	いつ	
Taylor Swift	is	the singer (that) I respect			.

□ 私たちが作った動画はすばらしかった。 ➡ 意味順 38

だれが	する／です	だれ・なに	どこ	いつ	
The video (which) we made	was	wonderful			.

□ もし私があなただったら、彼にごめんって言うのに。 ➡ 意味順 39

つなぐ	だれが	する／です	だれ・なに	どこ	いつ	
If	I	were	you			,
---	I	would say	sorry to him			.

『解答用〈意味順〉シート』『〈意味順〉確認音声』の使い方

▶ 解答用〈意味順〉シート

　意味順を意識しながら自然に英文を書く練習をするための学習シートです。ボックスごとの記入欄ではなく、ガイドを目安にしながらスペースを気にしないで書き込むことができます。この本での学習に合わせた A ～ F の 6 種類のシートがあります。

A	基本ボックス	【ドリル 1】【ドリル 2】ともに使える基本のシートです。
B	追加ボックス「どうやって」	【ドリル 1】意味順 20
C	追加ボックス「選択肢」	【ドリル 1】意味順 25　【ドリル 2】意味順 16・18
D	追加ボックス「目的」	【ドリル 2】意味順 08
E	追加ボックス「比べる」	【ドリル 2】意味順 16・18・19・20
F	追加ボックス「つなぐ」	【ドリル 2】意味順 26・27・28・29・30

　この本の練習問題に使うだけでなく、学校の教科書の英文を書き写したり、リスニング CD で聞いた英語を書きとったり、普段の英語の勉強に活用しましょう。

中学英文法「意味順」ドリル
解答用〈意味順〉シート A　基本ボックス
ボックスごとのガイドは目安として使いましょう。

❶ ※ここは疑問文をつくるときなどの「はてなボックス」として、また、接続詞を入れて長い文を書くときに使います。

	だれが	する／です	だれ・なに	どこ	いつ
例	I	play	tennis	in the park	on Sundays.
例	Do they	play	tennis	in the park	on Sundays?

❷

My sister　　is　an elementary school student.

実際に書いてみるとガイドからはみ出すこともあります。ガイドは目安として使ってください。

❶ 先頭にフリースペースがあります。ここは「はてなボックス」として疑問文を書いたり、接続詞を入れて長い文を書いたりします。

❷ 書き方を例文で示しています。参考にして自分で書いてみましょう。

パソコンから右の URL を入力してサイトにアクセスし、サイトの説明に沿ってダウンロードしてください。

URL: https://tofl.jp/books/2656

▶ 〈意味順〉確認音声

「基本」セクションと「意味順」セクションの意味順ボックスを使った練習問題について、「意味順の日本語」→「英語」→「ふつうの日本語」→「英語」の順で読み上げた音声です。

例 63 ページ 2| 2 意味順の日本語：〈存在〉 ある　1つの大きな写真が　リビングルームに
Ⅱポーズ

英語：There is a large picture in the living room.
Ⅱポーズ

ふつうの日本語：リビングには1枚の大きな写真があります。
Ⅱポーズ

英語：There is a large picture in the living room.
Ⅱポーズ

例 93 ページ 2| 2 意味順の日本語：私の母は　作っていた　朝食を 〈～のとき〉 私は　起きた
Ⅱポーズ

英語：My mother was making breakfast when I got up.
Ⅱポーズ

ふつうの日本語：私が起きたとき、母は朝食を作っていました。
Ⅱポーズ

英語：My mother was making breakfast when I got up.
Ⅱポーズ

「意味順の日本語」「英語」「ふつうの日本語」「英語」のあとにはポーズがあります。日本語を聞いて自分で英語を言ってみましょう。そのあとの英語の音声で正しい文を確認したら、発音やイントネーションをまねして練習しましょう。

聞きとった英語をノートやプリントアウトした『解答用〈意味順〉シート』に書くこともできます。繰り返し練習することで、英語の語順がしっかりと身につきます。ぜひ活用してください。

音声ファイル（MP3 形式）について

ダウンロードした圧縮ファイルを解凍すると音声が利用できます。
① スマートフォンにダウンロードして再生することはできませんのでご注意ください。

▶ **パソコンで再生する場合**
　ダウンロードした音声ファイルを iTunes などの再生用ソフトに取り込んでください。

▶ **スマートフォン・携帯用音楽プレーヤーで再生する場合**
　各機器をパソコンに接続し、音声ファイルを転送してください。
　※ 各機器の使用方法につきましては、各メーカーの説明書をご参照ください。

監修者紹介

田地野 彰（たじの あきら）

京都大学名誉教授。名古屋外国語大学教授。専門は教育言語学・英語教育。言語学博士（Ph.D.）。「意味順」に関する著書は、『〈意味順〉英作文のすすめ』(岩波ジュニア新書)、『NHK 基礎英語 中学英語完全マスター「意味順」書き込み練習帳』(NHK 出版)、『「意味順」式イラストと図解でパッとわかる英文法図鑑』(KADOKAWA)、『明日の授業に活かす「意味順」英語指導—理論的背景と授業実践』(編著：ひつじ書房) など。NHK テレビ語学番組 E テレ「基礎英語ミニ」(2012 年上半期) や「意味順ノート」(日本ノート) の監修者、国際誌 *ELT Journal* (英国オックスフォード大学出版局) の編集委員、一般社団法人大学英語教育学会の理事・副会長などを歴任。

著者紹介

奥住 桂（おくずみ けい）

埼玉学園大学人間学部子ども発達学科准教授。公立中学校で英語科教諭として 21 年間教えた後、帝京大学講師を経て 2023 年度より現職。中学校教諭時代には、「意味順」や「名詞のカタマリ」を取り入れたわかりやすい英語の授業を追求し、平成 26 年文部科学大臣優秀教職員表彰。埼玉大学大学院教育学研究科修了。修士 (教育学)。主な共編著・分担執筆に『明日の授業に活かす「意味順」英語指導—理論的背景と授業実践』(ひつじ書房)、『英語教師は楽しい—迷い始めたあなたのための教師の語り』(ひつじ書房)、『英語授業ハンドブック　中学校編　DVD 付』(大修館書店) などがある。

加藤 洋昭（かとう ひろあき）

聖徳大学文学部文学科英語・英文学コース専任講師、東京女子大学現代教養学部非常勤講師、獨協大学国際教養学部非常勤講師。青山学院大学大学院文学研究科英米文学専攻博士前期課程修了。春日部共栄中学高等学校、武蔵高等学校中学校、東洋英和女学院大学などを経て現職。現在は英語の教員養成科目を主に担当している。専門は英語教育学で、特に英語ライティングを研究中。よりよい授業を行うための教員の働きかけや教材の在り方などを研究している。著書には『コミュニカティブな英語教育を考える』(共著：アルク) がある。

編集	Onda Sayaka (e.editors)
英文校閲	レイム グレゴリー
装丁・デザイン	清水裕久 (Pesco Paint)
イラスト	松本麻希
録音・編集	一般財団法人英語教育協議会 (ELEC)
ナレーション	Chris Koprowski, Jennifer Okano, 水月優希

中学英文法「意味順」ドリル2

発　　行	2021 年 9 月 10 日　第 1 版第 1 刷
	2023 年 7 月 30 日　第 1 版第 3 刷

監修者	田地野彰
著　者	奥住桂・加藤洋昭
発行者	山内哲夫
発行所	テイエス企画株式会社
	〒 169-0075
	東京都新宿区高田馬場 1-30-5 千寿ビル 6F
	E-mail　books@tseminar.co.jp
	URL　　https://www.tofl.jp/books
印刷・製本	図書印刷株式会社

©Akira Tajino, Kei Okuzumi, Hiroaki Kato, 2021

ISBN978-4-88784-265-6　Printed in Japan

中学英文法
「意味順」ドリル2
表現を使ってみよう
別冊解答

● 別の答え方がある場合は、［　］の中に示し
ています。

● （　）で示している部分は、答えとして書か
なくてもまちがいではありません。

● CD の音声は、［　］や（　）で示した部分
は読まれていません。

テイエス企画

1

だれが	する / です	だれ・なに	どこ	いつ
I	practice	tennis		every day
私は	練習します	テニスを		毎日

2

だれが	する / です	だれ・なに	どこ	いつ
I	get up			at six
私は	起きます			6 時に

3

だれが	する / です	だれ・なに	どこ	いつ
Ken	watched	a movie	in Odaiba	yesterday
ケンは	見ました	映画を	お台場で	昨日

4

だれが	する / です	だれ・なに	どこ	いつ
Mr. Okuzumi	doesn't drink	coffee		
奥住先生は	飲みません	コーヒーを		

1 | 1

だれが	する / です	だれ・なに	どこ	いつ
I	am	tired		

2

だれが	する / です	だれ・なに	どこ	いつ
I	have	a lot of homework		today

2 | 1

だれが	する / です	だれ・なに	どこ	いつ
My name	is	Jun		

2

だれが	する / です	だれ・なに	どこ	いつ
I	have	a sister		

3

だれが	する / です	だれ・なに	どこ	いつ
She	is	a nurse		

1 1 [I] [am] happy today.　　2 [They] [were] members of school band.

3 [Utada Hikaru] [sings] very well.　　4 [Jun] [wants] a new smartphone.

2 1

だれが	する / です	だれ・なに	どこ	いつ	
I	have	a good English–Japanese dictionary			.

2

だれが	する / です	だれ・なに	どこ	いつ	
We	like	Mr. Uno			.

3

だれが	する / です	だれ・なに	どこ	いつ	
Jun	is	a junior high school student			.

ひとこと　1| 3 sings、4 wants の –s は三単現の s。

1 1

だれが	する / です	だれ・なに	どこ	いつ	
Mr. Fujita	is	very tall			.

2

だれが	する / です	だれ・なに	どこ	いつ	
Fujii Sota	is	a good *shogi* player			.

3

だれが	する / です	だれ・なに	どこ	いつ	
My grandmother	works	very hard			.

1 1

だれが	する / です	だれ・なに	どこ	いつ	
My dog	loves	this snack			.

2

だれが	する / です	だれ・なに	どこ	いつ	
I	get up	early		every morning	.

3

だれが	する / です	だれ・なに		どこ	いつ	
My mother	gives	me	chocolate		every year	.

とこと　2| 2 get up「起きる」のように、2 語以上でまとまって する／です に入ることもあります。

1 | 1

だれが	する / です	だれ・なに	どこ	いつ
I	met	Ms. Furukawa	at the station	yesterday

2

だれが	する / です	だれ・なに	どこ	いつ
Haruka	learns	calligraphy		every Monday

3

だれが	する / です	だれ・なに	どこ	いつ
We	celebrate	Ellen's birthday	in a restaurant	every year

4

だれが	する / です	だれ・なに	どこ	いつ
My cat	is		under the chair	now

2 | 1

だれが	する / です	だれ・なに	どこ	いつ
I	do	radio exercises	in the living room	every morning
僕は	する	ラジオ体操を	リビングで	毎朝

2

だれが	する / です	だれ・なに	どこ	いつ
We	buy	bread	at this shop	every week
私たちは	買う	パンを	このお店で	毎週

3

だれが	する / です	だれ・なに	どこ	いつ
My parents	got married		in London	twenty years ago
私の両親は	結婚した		ロンドンで	20 年前に

ひとこと ▶ 1 | 3 celebrate 「〜を祝う」

基本 05 「名詞のカタマリ」を意識しよう .... 21 ペー

1 | 1 Toru bought a lot of English books .

2 Do you keep a big white dog in your house ?

3 The present from Mika is very nice.

2 | 1 two black cats
2 our English teacher
3 my cousin Nancy
4 people in Osaka
5 many books about animals

3 | 1

だれが	する / です	だれ・なに	どこ	いつ	
This	is	my friend Tom			.

2

だれが	する / です	だれ・なに	どこ	いつ	
Many students from Tokyo	eat	*yatsuhashi*	in Kyoto		.

意味順 01　「～できる」と伝える〈助動詞 can〉 ·· 25 ページ

1 | 1　Mike uses ～ .

　Mike can use ～ .

2　Does Atsushi play ～ ?

　Can Atsushi play ～ ?

2 | 1

だれが	する / です	だれ・なに	どこ	いつ	
Mike	uses	chopsticks	at a Japanese restaurant		.
Mike	can use	chopsticks			.

2

だれが	する / です	だれ・なに	どこ	いつ	
Mr. Okuzumi	doesn't [does not] drink	coffee			.
Mr. Okuzumi	can't [cannot] drink	coffee			.

3

はてな	だれが	する / です	だれ・なに		どこ	いつ	
Does	Atsushi	play	the piano				?
Can	Atsushi	play	the piano	well			?

3 | 1　Kevin can speak Japanese very well.

2　(Cory.) Can you eat sashimi?

ひとこと ▶ 2| 1 chopstick「箸」。箸は 2 本で 1 組なので複数形で表します。

意味順 02 　義務や許可を伝える〈助動詞 may / must / should〉 ························ 27 ページ

1| **1** You may [can] do 〜. 　　**2** You must do 〜. 　　**3** You should do 〜.

2| **1**

だれが	する / です	だれ・なに	どこ	いつ	
You	may [can] use	my racket			.
You	may [can] not use	my racket		today	.

2

だれが	する / です	だれ・なに	どこ	いつ	
You	must eat	vegetables			.
You	mustn't [must not] eat	the mushroom			.

3

だれが	する / です	だれ・なに	どこ	いつ	
You	should help	your friends			.
You	shouldn't [should not] help	her		now	.

3| **1** You may ask a question.

　　2 You must wash your hands carefully before lunch.

ひとこと can も「〜してもよい」という許可の意味で使うことができます。
　　　　3| **2** carefully「注意深く、入念に」

意味順 03 　「〜してもいい?」と確認する〈Can I 〜? / May I 〜? / Shall I 〜?〉 29 ペー≷

1| **1** Can I 〜? 　　**2** Shall I 〜? 　　**3** Shall we 〜? 　　**4** May [Can] I 〜?

2| **1**

はてな	だれが	する / です	だれ・なに	どこ	いつ	
Can [May]	I	use	the bathroom			?

2

はてな	だれが	する / です	だれ・なに	どこ	いつ	
Can [May]	I	have	a glass of water			?

3

はてな	だれが	する / です	だれ・なに	どこ	いつ	
Shall	I	pick	you up	at your house		?

3| **1** Can I have your name? 　　　　**2** Shall I carry your bag?

　　3 Shall we go shopping this afternoon?

ひとこと **2|** **2** a glass of water「(グラス) 1 杯の水」。 **3** pick 人 up「人を迎えに行く」

意味順 04 **相手に依頼する〈Will you 〜? / Can you 〜? / Could you 〜?〉** ····· 31 ページ

| 1 | Will you 〜? | | 2 | Can you 〜? | | 3 | Could you 〜?

1

はてな	だれが	する / です	だれ・なに	どこ	いつ	
Will	you	turn on	the TV			?

2

はてな	だれが	する / です	だれ・なに	どこ	いつ	
Can	you	pass	me the salt			?

3

はてな	だれが	する / です	だれ・なに	どこ	いつ	
Could	you	come		here	at nine tomorrow	?

1 Will you show me your textbook?   **2** Can you call me tonight?

3 Could you take a picture?

とこと ▶ 2| **1** turn on「(テレビ・スイッチなど) をつける」。「(テレビ・スイッチなど) を消す」は turn off。
3| **1** 〈show 人 物〉で「人に物を見せる」という意味。   **3** take a picture「写真を撮る」

意味順 05 **予定や推測を伝える〈助動詞 will / be going to 〜〉** ···················· 33 ページ

| 1 | Jun will play 〜. | 2 | Jun is going to play 〜.

1

だれが	する / です	だれ・なに	どこ	いつ	
Jun	will play	soccer		this afternoon	.
Jun	is going to play	soccer		this afternoon	.

2

だれが	する / です	だれ・なに	どこ	いつ	
It	will rain			tomorrow	.
It	is going to rain			soon	.

3

だれが	する / です	だれ・なに	どこ	いつ	
I	won't [will not] play	games		tonight	.
I	am not going to play	games		this weekend	.

1 I will get it.   **2** I am going to visit Canada this summer.

3 Will they come back soon?

とこと ▶ 1| **1** 主語が三人称なので「〜だろう」という予測を表します。天気予報などでよく使われます。It will be sunny tomorrow.「明日は晴れるでしょう」

1 | ① Shall I　② can　③ will

2 | ①

だれが	する / です	だれ・なに	どこ	いつ	
Tom	can write	some *kanji*			.

②

だれが	する / です	だれ・なに	どこ	いつ	
Tom	is going to buy	the new game			.

③

だれが	する / です	だれ・なに	どこ	いつ	
Tom	shouldn't join	that team			.

3 | ① You mustn't [must not] meet Tom tonight.

② Tom is going to study tonight.

③ Tom will be a good pianist.

④ Can Tom speak Chinese?

4 | ① ① Will [Can] you open the door?　② Sure. / Of course. など

② ① Shall we play soccer? / Let's play soccer.　② Yes, let's. / Good idea. など

ひとこと 1 | 英文の意味　① タク：ブラウン先生、重そうですね！ 手伝いましょうか。　先生：あ、はい、お願いします。
② お客：お届けいただきありがとうございます。あ、ごめんなさい。私は今、ペンを持っていません。
配達員：このペンを使っていいですよ。はい、どうぞ。
③ 母親：サヤ、今、忙しい？ 砂糖を買って来てくれない？　サヤ：いいよ、買ってくるわ。
3 | ① Don't meet Tom tonight. も可。

1 | No. 1　He has the pair of scissors.

No. 2　They are looking at picture B.

放送文と意味

No. 1

Boy: Happy birthday. This is a present for you.

Girl: Wow. Thank you. You remembered my birthday! I'm really happy. What's in it?

Boy: Why don't you open it now? You can use this. Here you are.

Girl: Thank you.

Question: What does the boy have?

男の子：誕生日おめでとう。これはきみにプレゼントだよ。

女の子：まあ。ありがとう。私の誕生日を覚えていてくれたの？ 本当にうれしいわ。中は何？

男の子：今、開けてみたら？ これを使って。どうぞ。

女の子：ありがとう。

質問：男の子は何を持っていますか。

No. 2

Hayato: Lucy, please look at this picture. This is my sister.

Lucy: Wow, is she fishing?

Hayato: Yes, it is one of her hobbies.

Lucy: Does she often go fishing?

Hayato: Yes. Are you interested in fishing?

Lucy: Yes, I want to try it.

Hayato: I am going to go fishing with her next Sunday. Do you want to come with us?

Lucy: Really? That's wonderful. It sounds interesting.

Question: Which picture are they looking at?

ハヤト：ルーシー、この写真を見て。これは僕の姉だよ。

ルーシー：まあ、彼女は釣りをしているの？

ハヤト：うん、彼女の趣味の１つなんだ。

ルーシー：彼女はよく釣りに行くの？

ハヤト：うん。きみは釣りに興味がある？

ルーシー：ええ、やってみたいわ。

ハヤト：僕は来週の日曜日に彼女と釣りに行く予定なんだ。僕たちといっしょに来たい？

ルーシー：ほんとう？ すてきだわ。おもしろそうね。

質問：彼らはどの写真を見ていますか。

No. 1 Yumi and her mother did.

No. 2 She watched it on the Internet.

No. 3 She is going to visit Canada.

放送文と意味

Bob: Did you watch the soccer game last night?

Yumi: Yes, of course. I watched it in the stadium with my mother. It was really exciting. After the game, I watched it again on the Internet.

Bob: Wow, you like soccer very much.

Yumi: Did you watch the game?

Bob: I watched it on TV with my family. Does your family like it, too?

Yumi: Yes. We always watch soccer games together. But my sister wasn't at home yesterday.

Bob: Why?

Yumi: She went to Taiwan for work last week.

Bob: Oh, did she? Does she often go abroad?

Yumi: Yes, she does. Next month, she is going to go to Canada.

ボブ：昨日のサッカーの試合、見た？

ユミ：ええ、もちろん。母と一緒にスタジアムで見たわ。本当にわくわくしたわ。試合のあと、インターネットでもう一度見たの。

ボブ：へえ、サッカーがすごく好きなんだね。

ユミ：あなたは見たの？

ボブ：僕は家族と一緒にテレビで見たよ。きみの家族も好きなの？

ユミ：ええ。私たちはいつも一緒にサッカーの試合を見るの。でも昨日は姉が家にいなかったのよ。

ボブ： なんで？

ユミ： 先週、仕事で台湾に行ったの。

ボブ： へえ、そうなの？ お姉さんはよく海外に行くの？

ユミ： ええ、そうよ。来月はカナダへ行く予定なの。

ひとこと ▶ **1｜No. 1** 「はさみ」は必ず scissors と複数形で使います。「1 つのはさみ」は the pair of scissors と表します。

高校入試へ Step-up ▸ 読解問題 ① ·· 37 ページ

1 エ　　**2** エ　　**3** (1) 〇　(2) ✕　(3) 〇

会話文の意味

リー先生： こんにちは、みなさん。授業を始めましょう。今日は私のふるさとについて話しましょうか。この地図を見てください。私
　　　　のふるさとはオーストラリアのブリズベンです。たくさんのコアラがいますよ。

トモミ： コアラを抱っこできますか？

リー先生： ブリズベンでは抱っこできますが、シドニーではできません。それに、特定の時間にしか抱っこできません。スケジュール
　　　　を確認するのがいいですよ。

サトシ： コアラの写真を撮ることはできますか？ コアラはとてもかわいいですよね。

リー先生： ええ、できますよ。でも、（動物園に）聞いてみなければいけません。多くのコアラは写真が好きではありませんから。

トモミ： この夏は帰るのですか？

リー先生： 8 月に家族のところに行く予定です。

サトシ： 8 月は冬ですよね？

リー先生： ええ。8 月はオーストラリアでは冬ですが、ブリズベンはものすごく寒いわけではありません。あまりたくさん着込まなく
　　　　てもいいんですよ。

サトシ： それは知りませんでした。オーストラリアは興味深い国ですね。いつか行ってみたいです。

質問・選択肢の意味

1 「リー先生はどこで話していますか。」

2 「ブリズベンでは」 ア「コアラと遊ぶことはできない」 イ「8 月は暑いとわかるだろう」 ウ「冬はたくさん着込まなければな
　らない」 エ「コアラの写真を撮ることができる」

3 (1)「シドニーではコアラを抱くことはできない。」 (2)「リー先生は 8 月にシドニーへ行くだろう。」 (3)「サトシはある外国の国
　に興味がある。」

1 | 1 speaking English   2 listening to music
   3 playing volleyball   4 riding a unicycle

2 | 1

だれが	する / です	だれ・なに	どこ	いつ	
I	like	speaking English			.

2

だれが	する / です	だれ・なに	どこ	いつ	
My father	likes	listening to classical music			.

3

だれが	する / です	だれ・なに	どこ	いつ	
Playing volleyball	is	hard for me			.

3 | 1 I enjoyed riding that attraction.   2 Eating vegetables is important.
   3 Using eco-bags is good for the earth.

1 | 1 to learn   2 to laugh   3 to drive

2 | 1

だれが	する / です	だれ・なに	どこ	いつ	
I	want	to learn physics in a high school			.

2

だれが	する / です	だれ・なに	どこ	いつ	
My dream	is	to drive a car in Germany			.

3

だれが	する / です	だれ・なに	どこ	いつ	
To laugh	is	good for the health			.

3 | 1 My sister wants to become a lawyer.

   2 I don't like to speak in public.

   3 One of my hobbies is to visit Tokyo Disney Sea.

ひとこと　2| 2 だれ・なに は動名詞の driving も可。　3 だれが は動名詞の Laughing も可。
　　　　　3| 2 in public「人前で」　3 one of 〜「〜のうちの１つ」。〜には複数形の名詞が入ります。

1 | 1 to charge my commuter pass   2 to eat Chinese dishes

3 to buy a car

2 | 1

だれが	する / です	だれ・なに	どこ	いつ	目的	
I	went		to the station		to charge my commuter pass	

2

だれが	する / です	だれ・なに	どこ	いつ	目的	
I	want	to go	to Yokohama		to eat Chinese dishes	

3

だれが	する / です	だれ・なに	どこ	いつ	目的	
My sister	saved	money			to buy this car	

3 | 1 I want to go home early to watch the soccer game.

2 I got up early to make breakfast this morning.

ひとこと ▶ 3| 2 I got up early this morning to make breakfast. も可。

1 | 1 something to eat

2 homework to do

3 places to see

2 | 1

だれが	する / です	だれ・なに	
I	want	something to eat	

2

だれが	する / です	だれ・なに	
You	have	a lot of things to do	

3

だれが	する / です	だれ・なに	
This city	has	a lot of places to see	

3 | 1 I want something to drink.

2 This library has many books to read.

3 I bought snacks to eat for the school trip.

1 It is important for us ～. **2** It is useful for you ～.

3 It is interesting for me ～.

1

だれが	する / です	だれ・なに	
It	is	important for us to recycle plastic bottles	.

2

だれが	する / です	だれ・なに	
It	is	useful for you to listen to elderly people	.

3

だれが	する / です	だれ・なに	
It	is	interesting for me to see foreign country's money	.

1 It is hard for me to clean my room every day.

2 It is good for us to drink a lot of water.

ひとこと ▶ 2| **1** plastic bottle「ペットボトル」

名詞のカタマリ ① 動名詞と不定詞 ·· 49 ページ

1 To be an English teacher is my dream.

英語の先生になること

2 I like talking with friends .

友だちと話すこと

3 My sister wanted to have her own room ten years ago.

自分の部屋をもつこと

1 to use a computer

2 listening to music in my room

3 to cook dinner for my parents

1 My hobby is listening to music in my room.

2 To use a computer is difficult.

1 |
① I want to play soccer.
② We enjoyed listening to old music on TV.
③ Riku went to Nagano to eat soba.
④ It's easy for me to speak English.
⑤ Did you finish writing the letter?

2 |
①

だれが	する / です	だれ・なに	どこ	いつ	
My hobby	is	to make cookies			.

②

だれが	する / です	だれ・なに	どこ	いつ	
Eating breakfast	is	very important			.

③

だれが	する / です	だれ・なに	どこ	いつ	
My sister	has	a lot of homework to do		today	.

3 |
① Does Tom like watching [to watch] soccer?
② It is [It's] easy for Tom to write *kanji*.
③ Tom stopped reading the book then [at that time].
④ Tom doesn't [does not] want to study science.

4 | Taku is busy. He has a lot of homework to do (today). He wants to play baseball (with hi
friends). / Taku wants to play baseball (with his friends). But he is busy. He has a lot o
homework to do. など

① He gets up at six.

② 例 Hi, Chris. Thank you for your email.
I play tennis every weekend.
But it will rain this weekend.
So I will stay home.
I will clean my room.
Take care!

メール文の意味
やあ、元気？ フィンランドでは金曜日の夜だよ。土曜日は学校はないんだ。いつもは 7 時に起きるけど、明日は 6 時に起きる。毎週
土曜日は、僕は家族に朝食を作らないといけないんだ。日曜日は姉が作るよ。僕の両親は、料理をすることが僕たちにとって大事な
と思っているんだ。きみは今週末何をするの？ クリス

but や so、また and を使って文をまとめることもできます。

I play tennis every weekend but it will rain this weekend. So I will stay home and clean my room.

高校入試へ Step-up **読解問題 ②** ⋯⋯⋯⋯⋯⋯⋯⋯⋯⋯⋯⋯⋯⋯⋯⋯⋯⋯ 53 ページ

1 エ **2** caught **3** We will show you the best performance.

4 Why did Mari's band start practicing in their lunch break? **5** (1) × (2) ○ (3) ○

記事の意味

私は吹奏楽部に入っています。2 年前にそこでフルートを始めました。素晴らしい部員と一緒に練習することを楽しんでいます。私たちは 10 月にコンサートに出ます。それは私の中学生活の最後のコンサートになります。今は 7 月です。私たちはコンサートでベストを尽くすために一生懸命練習しています。

春休みの間、私は風邪をひいてしまったので練習に参加することができませんでした。私は家でじっとしていなくてはならなかったので、インターネットで動画を見ていました。その 1 つは、他の学校の吹奏楽部の場面でした。とても上手に演奏していました。動画では、昼休み中に練習していました。私は「この人たちのように演奏したい」と思いました。私は部員たちとその動画のことを話しました。みんなで見て、昼休み中に練習を始めました。

私たちは最高の演奏をお見せします。どうぞコンサートで私たちを見にきてください。

質問・選択肢の意味

「マリの吹奏楽部は、なぜ昼休みに練習を始めたのですか。」「マリが動画で見た他校の吹奏楽部のように演奏したいと思った。」

(1)「マリは今年の春にフルートを始めた。」 (2)「マリは春休みに学校に行かなかった。」 (3)「マリは（スピーチの）聞き手に最後の演奏を見にきてほしいと思っている。」

ひとこと▶ **3** 〈show ＋人＋もの〉で「人にものを見せる」という意味。（→ 意味順 12）

意味順 11 **「～のようだ」など〈一般動詞＋形容詞〉** ⋯⋯⋯⋯⋯⋯⋯⋯⋯⋯⋯⋯⋯⋯ 55 ページ

1 sick **2** sad **3** angry

1

だれが	する / です	だれ・なに	どこ	いつ	
I	got	sick		last week	.

2

だれが	する / です	だれ・なに	どこ	いつ	
The idea	sounds	good			.

3

だれが	する / です	だれ・なに	どこ	いつ	
That actress	looks	kind			.

1 Yuka and I became good friends. **2** This dish tastes very spicy.

3 Mr. Namise looked nervous yesterday.

意味順 12 「○○に□□をあげる」 ……… 57 ページ

1| 1 ① show ② us 2 ① tell ② them 3 ① give ② me

2| 1

だれが	する / です	だれ・なに		どこ	いつ	
My grandmother	showed	us	some pictures			.

2

だれが	する / です	だれ・なに		どこ	いつ	
I	will tell	them	the news			.

3

だれが	する / です	だれ・なに		どこ	いつ	
My mother	gave	me	this watch		last month	.

3| 1 Mr. Watanabe teaches us social studies.

2 Professor Yoshida gave me this autograph in 2006.

ひとこと 3| 2 autograph「(有名人などの) サイン」

意味順 13 「○○を△△にする」 ……… 59 ページ

1| 1 keep our classroom clean

2 find this book interesting

3 name their baby Mina

2| 1

だれが	する / です	だれ・なに		どこ	いつ	
We	should keep	our classroom	clean			.

2

だれが	する / です	だれ・なに		どこ	いつ	
I	found	this book	interesting			.

3

だれが	する / です	だれ・なに		どこ	いつ	
Mr. and Mrs. Koike	will name	their baby	Mina			.

3| 1 We call the dog Marron.

2 You will find Mr. Tanaka very kind.

3 The news made us surprised.

1 1 ① helped ② her **2** ① will help ② him

3 ① let ② me **4** ① won't let ② us

2 **1**

だれが	する / です	だれ・なに	どこ	いつ	
I	will help	him	with his practice	this weekend	.

2

だれが	する / です	だれ・なに	どこ	いつ	
I	helped	her	find her umbrella		.

3

だれが	する / です	だれ・なに	どこ	いつ	
My father	won't [will not] let	us	play video games		.

3 **1** I helped my sister wash the dishes. **2** Let me take a picture.

3 Ms. Inoue let us use the oven.

ひとこと **2|** **1** I will help him practice this weekend. という文はほぼ同じ意味になります。また、help のあとは必ず〈人〉がきます。I will help his practice. は誤りです。

1 **1** There is a large picture 〜 . **2** There are some rest areas 〜 .

3 There are not any ice cream bars 〜 .

2 **1**

だれが	する / です	だれ・なに	どこ	いつ	
There	are	some rest areas	in this shopping mall		.

2

だれが	する / です	だれ・なに	どこ	いつ	
There	is	a large picture	in the living room		.

3

だれが	する / です	だれ・なに	どこ	いつ	
There	aren't [are not]	any ice cream bars	in the refrigerator		.

3 **1** There are four seasons in Japan. **2** Are there many new books in the library?

3 Are there any vending machines in this station?

ひとこと **2|** **3** refrigerator「冷蔵庫」

3| **1** Japan has four seasons. も同意。 **3** vending machine「自動販売機」

1 | 1 taller　2 older　3 harder　4 newer　5 higher　6 longer

2 | 1

だれが	する / です	だれ・なに	どこ	いつ	比べる	
My brother	is	taller			than I	.

2

だれが	する / です	だれ・なに	どこ	いつ	比べる	
Today's practice	is	harder			than yesterday's	

3

だれが	する / です	だれ・なに	どこ	いつ	比べる	
My bicycle	is	newer			than my sister's	.

3 | 1 I am older than you.

2 Your score is higher than mine.

3 Spring vacation is longer than winter vacation.

ひとこと ▶ 3| 2 mine は my score のこと。

1 | 1 tallest　2 smallest　3 youngest　4 shortest　5 newest　6 oldest

2 | 1

だれが	する / です	だれ・なに	どこ	いつ
My smartphone	is	the newest	in my family	

2

だれが	する / です	だれ・なに	どこ	いつ
Aine	is	the youngest	in her family	

3

だれが	する / です	だれ・なに	どこ	いつ
Kagawa	is	the smallest prefecture	in Japan	

3 | 1 Which animal is the tallest?

2 Giraffes are the tallest animals in the world.

3 Our school is the oldest of the eleven in this city.

ひとこと ▶ 2| 3 prefecture「県」

動作の様子を比べる〈副詞の比較級・最上級〉 ································· 69 ページ

1│ **1** swim faster **2** practice harder

3 serve (the) fastest **4** study (the) hardest

2│ **1**

だれが	する / です	だれ・なに	どこ	いつ	比べる	
Irie Ryosuke	swims	faster			than I	.

2

だれが	する / です	だれ・なに	どこ	いつ	比べる	
Miyuki	studies	the hardest	in her class			.

3│ **1** I practice English pronunciation harder than you.

2 This restaurant serves lunch the fastest on this floor.

3 You don't have to speak louder than necessary.

ひとこと ▶ 2│ **1** 話し言葉では than me もよく使われます。

3│ **3** necessary は「必要な」という意味の形容詞。than necessary で「必要以上に」という表現になります。

比較級・最上級のつくり方 ································ 71 ページ

1│ **1** well / better / best **2** bad / worse / worst **3** many / more / most

4 more precious **5** most famous **6** most beautiful

2│ **1**

だれが	する / です	だれ・なに	どこ	いつ	比べる	
This	is	the worst score	in my life			.

2

だれが	する / です	だれ・なに		どこ	いつ	比べる	
Tetsuya	plays	the piano	(the) best	in his class			.

3

だれが	する / です	だれ・なに	どこ	いつ	比べる	
Time	is	more precious			than money	.

3│ **1** We have more rain this year than last year.

2 Mt. Fuji is the most beautiful mountain in Japan.

3 Marc Chagall is the most famous artist in France.

1 | **1** as tall as ～   **2** as big as ～   **3** as well as ～   **4** as hot as ～

       5 as difficult as ～

2 | **1**

だれが	する / です	だれ・なに	どこ	いつ	比べる	
My dog	is	as big			as yours	.

2

だれが	する / です	だれ・なに		どこ	いつ	比べる	
Coach Maruta	plays	tennis	as well			as Nishikori Kei	.

3

だれが	する / です	だれ・なに	どこ	いつ	比べる	
This question	is not	as difficult			as that one	.

3 | **1** My mother is as tall as I.

     2 This house is as old as that one.

     3 It is not as hot as yesterday.

ひとこと ▶ 2| **1** yours は your dog のこと。   **3** that one は that question のこと。

高校入試へ Step-up **リスニング問題 ②** .... 74 ペーシ

1 | No. 1   He found it under the chair.

     No. 2   They are looking at picture A.

放送文と意味

No. 1

    Boy: Did you see my key?

Mother: It was on the table last night.

    Boy: But it isn't there now. I also can't see it under the table.

Mother: Did you look around the chair?

    Boy: I'm looking now.... No, it's not on the chair.... Oh, here it is! It's under the chair.

Question: Where did the boy find his key?

男の子：僕の鍵を見た？

     母：昨日の夜はテーブルの上にあったわよ。

男の子：だけど，今はそこにないんだ。テーブルの下にも見つからないよ。

     母：いすの辺りは見た？

男の子：今見ているよ…。ううん、いすの上にはないな…。あ、あった！ いすの下にあるよ。

質問：男の子はどこで鍵を見つけましたか。

No. 2

Boy: What are you doing?

Girl: I am choosing a picture for the school album.

Boy: Wow. These are really nice pictures and good memories. How about this one? The cherry blossoms are very beautiful. Some students look very nervous.

Girl: It sounds good. I really like this photo. Thank you.

Question: Which picture are they looking at?

男の子：何をしているの？

女の子：学校アルバムのための写真を選んでいるの。

男の子：へえ。本当にいい写真だしよい思い出だね。これはどう？　桜の花がとても美しいよ。とても緊張しているような生徒もいるね。

女の子：よさそうね。本当にこの写真が好きだわ。ありがとう。

質問：彼らはどの写真を見ていますか。

2 | No. 1 ア　　No. 2 ウ　　No. 3 イ

放送文と意味

No. 1

Girl: David, we're planning a party this weekend and we would like you to come.

Boy: Why are you planning a party?

Girl: Winter vacation is coming. We will eat delicious foods. Can you come?

女の子：デイビッド、私たちはこの週末のパーティーの計画を立てていて、あなたに来てもらいたいの。

男の子：なぜパーティーを計画しているの？

女の子：冬休みが来るでしょ。おいしいものを食べるのよ。来られる？

No. 2

Boy: Hey, it's already 3:10 and the movie started.

Girl: Oh, no, I'm sorry.

Boy: We promised to meet in front of the theater at 2:30. Why were you late?

男の子：ねえ、もう3時10分で映画は始まったよ。

女の子：まあ何てこと、ごめんなさい。

男の子：2時30分に映画館の前で会うって約束したよね。なんで遅れたの？

No. 3

Boy: Good morning. Oh! Are you wearing a new T-shirt?

Girl: Yes. I got this yesterday. I like it.

Boy: Where did you get it? It's really nice.

男の子：おはよう。あ！　きみは新しいTシャツを着ているの？

女の子：ええ。昨日手に入れたのよ。気に入っているの。

男の子：どこで手に入れたの？　本当にすてきだよ。

質問・選択肢の意味

No. 1　ア「楽しそうだね。」　イ「日本食を食べられるよ。」　ウ「何時に始まったの？」

No. 2　ア「何時にここに来たの？」　イ「その映画を見たの？」　ウ「残念だけど電車が遅れてしまったの。」

No. 3　ア「いいとは思わないよ。」　イ「兄からの誕生日プレゼントなの。」　ウ「新しいTシャツだと思う？」

ひとこと　2 | No. 2　I'm afraid that ～ . は「残念ですが～」「申し訳ないのですが～」という表現。

1 Do you have anything to drink?　　　**2** エ

3 （オーストラリアでは）クリスマスが夏にあること。　　　**4** ウ

会話文の意味

サキ：だいじょうぶ、マイク？　とてものどがかわいているみたい。

マイク：うん、そうなんだ。何か飲むものを持ってる？　今日は暑すぎるよ！　今すぐオーストラリアに帰りたいな。

サキ：オーストラリアに？　なんで？

マイク：今は冬だからね。7月はシドニーでいちばん寒い月なんだ。

サキ：ああ、なるほど。

マイク：東京では8月がいちばん暑い月でしょ。でもシドニーでは12月と1月がいちばん暑いんだ。

サキ：日本とオーストラリアで季節が逆になるんだよね。

マイク：そう。だからクリスマスは夏なんだよ。

サキ：おもしろいね！　クリスマスには何をするの？

マイク：ビーチでクリスマスパーティーをして、家族や友だちとバーベキューを楽しむよ。すごく楽しんだ！　僕の町にはきれいなビーチがたくさんあるしね。水泳やダイビングも楽しめるよ。

サキ：それはとてもいいね。

質問・選択肢の意味

4 ア「日本の夏はオーストラリアほど暑くない。」　イ「12月はシドニーでいちばん寒い月だ。」　ウ「オーストラリアでは屋外でクリスマスを楽しむ。」　エ「オーストラリアでは、よく7月に泳ぐ。」

意味順 21　「～される」① 〈受け身〉 ··· 77 ページ

1｜ **1** These pictures were taken by ～　　**2** English is spoken in ～

　　3 This university was built by ～

2｜ **1**

だれが	する / です	だれ・なに	どこ	いつ	
Spanish	is spoken		in the United States, too		.

2

だれが	する / です	だれ・なに	どこ	いつ	
This castle	was built			in 1928	.

3

だれが	する / です	だれ・なに	どこ	いつ	
Japanese	is learned	by many people	in foreign countries		.

3｜ **1** This song is sung around the world.

　　2 The picture was taken by Hoshino Michio.

　　3 This university was founded by Nitobe Inazo in 1918.

ひとこと ▶ 3｜ **3** found は「（会社・学校など）を設立する」という意味の規則動詞。

1 This book wasn't published in ～.

2 Were these pictures drawn by ～?

1

だれが	する / です	だれ・なに	どこ	いつ	
This book	wasn't published			in 2019	.

2

はてな	だれが	する / です	だれ・なに	どこ	いつ	
Were	these pictures	drawn	by Picasso			?

3

はてな	だれが	する / です	だれ・なに	どこ	いつ	
Was	this shop	opened			in 1996	?

1 This type of computer isn't used now.

2 Is the menu written in English in this sushi bar?

3 What language is spoken in India?

1 a man playing the guitar   **2** an imported car

3 pictures taken by my mother

1

だれが	する / です	だれ・なに	どこ	いつ	
The man playing the guitar	is	Mr. Kine			.

2

だれが	する / です	だれ・なに	どこ	いつ	
I	like	pictures taken by my mother			.

3

だれが	する / です	だれ・なに	どこ	いつ	
My sister	bought	a used car		last month	.

1 The lady singing a song on the stage is Shiraishi Mai.

2 Mr. Watanabe has an imported car.

3 Why do you have a broken watch?

ひとこと ▶ 1| **2** imported car「輸入された車」→「輸入車」
　　　　2| **3** used car「使われた車」→「中古車」

1 | **1** I am taller than my father now.

2 There is a bank near the station.

3 This car was made in the U.K.

4 Ms. Kubo taught us music at school.

5 Mt. Fuji is the highest mountain in Japan.

2 | **1**

だれが	する / です	だれ・なに		どこ	いつ	
Tom	wrote	a letter				

2

だれが	する / です	だれ・なに		どこ	いつ	
Tom	sent	me	an email			

3

だれが	する / です	だれ・なに		どこ	いつ	
Tom	calls	me	So-kun			

4

だれが	する / です	だれ・なに		どこ	いつ	
Tom	helped	his brother	make cookies			

3 | **1** I am [I'm] as old as Tom.

2 Tom can run (the) fastest in his class.

3 Tom is loved by everyone.

4 The [That] boy reading a book near[by] the window is Tom.

4 | Horyu-ji was built in 607. It is in Nara. It is (one of) the oldest temples in Japan.
It is visited by many tourists. / It is made of wood. など

ひとこと ▶ **3|** **4** この文の「〜の近く」は near でも by でも表せます。near は個人的な感覚で「近い」というときに使います。「
○の隣り」という近さでも「歩いて 10 分」という近さでも、自分が「近い」と思うなら near です。一方 by は、
もが「近い」と納得する距離感のときに使います。

4| 「建立＝建てられた」、「木造＝木で作られている」と考え、受け身で表すことができます。「多くの観光客が訪れる
は Many tourists visit it. でもまちがいではありませんが、法隆寺の紹介なので It（= Horyu-ji）で始めるとよ
でしょう。

「〜の仕方」〈how to ＋動詞の原形〉 ·· 85 ページ

1 how to use **2** how to read

3 how to pay **4** how to wash

1

だれが	する / です	だれ・なに	どこ	いつ	
I	know	how to use the app			.

2

だれが	する / です	だれ・なに	どこ	いつ	
My grandfather	knows	how to play chess			.

3

だれが	する / です	だれ・なに	どこ	いつ	
I	don't [do not] know	how to pay at this shop			.

4

はてな	だれが	する / です	だれ・なに	どこ	いつ	
Do	you	know	how to read this *kanji*			?

1 I want to learn how to cook crab dishes.

2 I forgot how to wash the sweater.

3 Do you remember how to read this word?

名詞のカタマリ ② 〈疑問詞＋ to ＋動詞の原形〉 ·· 87 ページ

1 Mr. Kato knows ⌐how to play *shogi*⌐.

将棋の指し方

2 I didn't know ⌐where to buy a ticket⌐.

どこでチケットを買うべきか

3 Our teacher told us ⌐what to study for the test⌐.

テストに向けて何を勉強すべきか

1 how to use a computer

2 when to start dancing

3 where to get a map of the zoo

1 My brother knows how to use a computer.

2 Please tell me where to get a map of the zoo.

1 One of the most popular sports in Canada is ice hockey.　**2** イ

3 They have about two months.　**4** (1) ✕　(2) ○　(3) ○　(4) ✕

スピーチ文の意味

　カナダでは高校入学のための試験はありません。そのため、ほとんどのカナダの中学生は日本の中学生ほどたくさん勉強しま〔ん〕。カナダの生徒は、放課後はスポーツをしたりクラブ活動をしたり、友だちと遊びに行ったりします。いろいろなことをして自分〔の〕時間を自由に使います。

　カナダでいちばん人気があるスポーツはアイスホッケーです。週末には家族と一緒に試合を見て楽しみます。冬はバスケットボー〔ル〕も人気です。外ではできませんから。

　カナダの生徒には約 2 か月の夏休みがあります。休み中に宿題はありません。サマーキャンプに行ったり、野球、ラグビー、サ〔ッ〕カーなどのスポーツを楽しんだりする人もいます。グループ活動に参加してロボット製作に挑戦するということもあります。ボラ〔ン〕ティア活動をする人もいます。

　もしカナダに来たら、教室の掃除はしなくてもいいですよ。学校の職員の方か清掃会社の方がやってくれます。給食はありま〔せ〕ん。家から昼食を持ってくるかカフェテリアで買わなければなりません。カナダで勉強したいですか？ たくさんのことを学べま〔す〕よ！

質問・選択肢の意味

3 「カナダの生徒にはどのくらいの期間の夏休みがありますか。」

4 (1) 「カナダでは、生徒は高校に入学するためにテストを受けなければならない。」　(2) 「バスケットボールとアイスホッケーは〔カ〕ナダで人気のスポーツだ。」　(3) 「カナダの生徒は夏休み中に宿題がない。」　(4) 「カナダでは学校で昼食を食べることができ〔な〕い。」

ひとこと ▶ **4** (3) have no ～で「～は（全く）ない」という意味。

意味順 25 　「○○に～してほしい」〈want / tell / ask 人 to ＋動詞の原形〉 .... 91 ペー

1 | **1** I want you to do ～.　　**2** I told you to do ～.　　**3** My brother asks me to do ～

2 | **1**

だれが	する / です		だれ・なに	
I	want	you	to come to the school festival tomorrow	

2

だれが	する / です		だれ・なに	どこ	いつ
My brother	always asks	me	to clean his room		

3

だれが	する / です		だれ・なに	どこ	いつ
I	told	you	to study hard for the final exam		

3 | **1** I want you to bring some newspapers to school tomorrow.

　　2 My mother told me to take an eco-bag with me.

　　3 My father asked me to buy some milk.

| 1 | when I got up | | 2 | when I saw you |
| 3 | when I am free | | 4 | when I went to 〜 |

1

つなぐ	だれが	する / です	だれ・なに	どこ	いつ	
---	I	was	nervous			
when	I	went		to a junior high school	for the first time	.

2

つなぐ	だれが	する / です	だれ・なに	どこ	いつ	
---	My mother	was making	breakfast			
when	I	got up				.

1 I stretch when I am free.

2 I was very happy when you talked to me.

3 My mother rode a motorcycle when she was young.

ひとこと▶ 2| 1 nervous「緊張して」 for the first time「初めて」

1 I went to school in a hurry because I overslept.

2 I went to see a doctor because I caught a cold.

3 I want to go to Australia because I want to see Uluru.

1

つなぐ	だれが	する / です	だれ・なに	どこ	いつ	
---	I	was	absent	from school	yesterday	
because	I	didn't feel	good			.

2

つなぐ	だれが	する / です	だれ・なに		どこ	いつ	
---	I	like	spring	the best			
because	I	like	the warm wind				.

1 I left home early because it was raining.

2 Ms. Yamada is angry because I was late.

ひとこと▶ 2| 1 be absent from 〜「〜を欠席する」

1 │
1 Call me anytime if you need some help.

2 I won't go outside if it is cold.

3 If you like music, you can take the piano lessons.

2 │
1

つなぐ	だれが	する / です	だれ・なに	どこ	いつ	
---		Please say	hello			
if	you	see	Mr. Nakao		tomorrow	.

2

つなぐ	だれが	する / です	だれ・なに	どこ	いつ	
If	you	are	hungry			,
---	you	can eat	this rice ball			.

3 │
1 If you are tired, you can take a break.

2 If you need my help, please tell me.

3 If you go there, you should eat ice cream.

ひとこと 2│1 say hello「よろしく伝える」

1 │
1 I am sure that 〜　　2 I am glad that 〜

3 I am proud that 〜　　4 I am sorry that 〜

2 │
1

つなぐ	だれが	する / です	だれ・なに	どこ	いつ	
---	I	am	sure			
that	you	can do	it			.

2

つなぐ	だれが	する / です	だれ・なに	どこ	いつ	
---	I	am	sorry			
that	you	will move		to another school		.

3 │
1 I am sure that you will win the speech contest.

2 I am sorry that Tom isn't here.

3 I am proud that I graduated from this school.

28

1 I think that 〜. **2** I know that 〜. **3** I believe that 〜.

1

	だれが	する / です	だれ・なに	どこ	いつ	
I think that	your name	is	very nice			.

2

	だれが	する / です	だれ・なに	どこ	いつ	
I know that	you	are	honest			.

3

	だれが	する / です	だれ・なに	どこ	いつ	
I believe that	you	will win			next time	.

1 I hope that it won't rain tomorrow.

2 I remembered that I had a lot of homework today.

3 Japanese people think that Mt. Fuji is beautiful.

とこと 名詞のカタマリをつくる that は省略することができます。I think your name is very nice.
2| **2** honest「正直な」

1 Do you know where she lives?

2 Do you know where she is from?

3 I don't know what she has.

1

はてな	だれが	する / です	だれ・なに	どこ	いつ	
Do	you	know				
where	Chris	is		from		?

2

はてな	だれが	する / です	だれ・なに	どこ	いつ	
	I	don't know				
why	you	were	late			.

1 Do you know what this is?

2 I want to know where my dog is.

3 Do you know why Mari gave me this present?

1 | 1　I didn't know that Mr. Matsuoka was a tennis player . 松岡さんがテニスプレーヤーだったこと

　　2　Please tell me where I can buy a ticket . どこでチケットを買えるか

　　3　My father taught me that peace is very important . 平和がとても大切だということ

2 | 1　where Sara will go　　2　what you are going to eat

　　3　why your brother didn't come yesterday

3 | 1　I know where Sara will go.　　2　Please tell me why your brother didn't come yesterday.

1 | 1　I don't think that the test was so difficult.

　　2　My mother was reading a book when I came home yesterday.

　　3　We need to take an umbrella with us if it rains tomorrow.

　　4　Because we practiced hard, our team won the game.

　　5　I am glad that we met again.

2 | 1

つなぐ	だれが	する / です	だれ・なに	どこ	いつ	
	Tom	uses	this pen			
when	he	studies		at home		.

　　2

つなぐ	だれが	する / です	だれ・なに	どこ	いつ	
	Tom	will speak	English			
if	you	want				.

　　3

つなぐ	だれが	する / です	だれ・なに	どこ	いつ	
	Tom	was	sad			
that	he	lost	the game		yesterday	.

3 | 1　Tom wasn't [was not] tall when he was a high school student. / When Tom was a high school student, he wasn't [was not] tall.

　　2　Do you know (that) Tom is from the U.K.?

　　3　Tom is hungry because he didn't [did not] eat [have] breakfast. / Because Tom didn't [did not] eat [have] breakfast, he is hungry.

① I feel [am] happy when I am watching TV.

② My mother feels [is] happy when she is listening to music.

③ My father feels [is] happy when he is cooking.

④ My dogs feel [are] happy when they are sleeping.

とこと ▶2| 3 lost the game「試合に負けた」。lost は lose の過去形。

高校入試へ Step-up 英作文問題 ② .... 108 ページ

She will study in the U.S.

解答例1

I want to study abroad too.

I want to see famous places.

Also, I can learn about another culture.

I want to use English a lot in a foreign country.

解答例2

I don't want to study abroad.

It's important to learn in my own country.

I can study in another country after that.

I don't need to go to a foreign country right now.

メール文の意味

んにちは、元気？ 私は来年の９月からアメリカで勉強する予定なの。３か月滞在するのよ。ホストファミリーからEメールをもらっ
の。彼らが私にとても親切でうれしいわ。私は英語を勉強したり、他の国の文化を学んだりしたいの。あなたは留学したい？

リー

解答例の意味

] 私も留学したいと思っています。有名な場所を見たいと思います。また、別の文化を学ぶことができます。外国で英語を使いた
いです。

] 私は留学したいと思いません。自分の国で学ぶことが大切です。他の国ではそのあとで勉強することができます。今すぐに外国
に行く必要はありません。

高校入試へ Step-up 読解問題 ⑤ .... 109 ページ

I want you to go to some interesting places.　　2 ウ　　3 ア　　4 ウ　　5 イ

記事の意味

旅行者が日本を訪れると、ほとんどが東京や京都や大阪のような有名な都市に行くことを選びます。しかし、私はいくつかの興味
い場所へ行ってほしいと思っています。その１つが鳥取です。

もし桜が好きなら、春には鳥取城跡へ行ってください。歴史ある場所で美しい花を楽しめます。海が好きなら、夏に鳥取砂丘に行
とよいでしょう。暑いときはビーチで泳ぐことができます。秋には、大山（だいせん）の木々が美しい色になります。中国地方でい

ちばん高い山でハイキングができます。温泉が好きなら、冬にどこかに行くとよいでしょう。鳥取にはたくさんの温泉があり、寒さが厳しくなってきても温まることができるでしょう。

　　鳥取は1年をとおしてわくわくする場所です。きっともう一度来たくなります。日本の田舎でのすてきな旅を楽しんでください。

質問・選択肢の意味

4　「秋の鳥取ではどこを訪れるとよいでしょうか。」

5　ア「多くの旅行者は東京が有名だと思っていない。」　イ「旅行者は田舎を訪れて旅を楽しむとよい。」　ウ「鳥取の温泉は熱すぎるので入れない。」　エ「日本の田舎は有名な都市ほどおもしろくない。」

ひとこと　**1**　〈want ＋人＋ to ＋動詞の原形〉で「人に～してほしい」という意味。

意味順 32　「～したことがある」〈現在完了形：経験〉 ················· 113ページ

1｜**1** I have played ～　　**2** I have seen ～　　**3** Nozomi has cooked ～

2｜**1**

だれが	する / です	だれ・なに	どこ	いつ
I	have played	the violin		once

2

だれが	する / です	だれ・なに	どこ	いつ
I	have never seen	him		.

3

だれが	する / です	だれ・なに	どこ	いつ
My family	has climbed	Mt. Fuji		three times

3｜**1** Nozomi has cooked Okinawan dishes twice.

2 I have never used the new tablet.

3 Have you ever been abroad?

ひとこと　主語と have の短縮形もあります。I have → I've / You have → You've / We have → We've / They have → They've

意味順 33　「～し終わっている」〈現在完了形：完了〉 ················· 115ページ

1｜**1** I have already left ～　　**2** We have just heard ～　　**3** Ann has already done ～

2｜**1**

だれが	する / です	だれ・なに	どこ	いつ
I	have already left		home	

2

だれが	する / です	だれ・なに	どこ	いつ
We	have just heard	the news		

3	だれが	する / です	だれ・なに	どこ	いつ	
	Ann	has already done	the task			.

1 The movie has just started.　　**2** I have not cleaned the bathroom yet.

3 Have you eaten lunch yet?

意味順 34　「ずっと〜である」〈現在完了形：継続〉 ································· 117 ページ

1 I have had a cold 〜　　**2** I have been interested in 〜

3 My father has been busy 〜

1	だれが	する / です	だれ・なに	どこ	いつ	
	I	have lived		in this town	for fifteen years	.

2	だれが	する / です	だれ・なに	どこ	いつ	
	I	have had	a cold		since last week	.

3	だれが	する / です	だれ・なに	どこ	いつ	
	My father	has been	busy		for two weeks	.

1 How long have you been here?

2 I have been interested in animals since I was a child.

意味順 35　「ずっと〜している」〈現在完了進行形〉 ···························· 119 ページ

1 It has been raining 〜　　**2** I have been practicing 〜

3 Mr. Robinson has been teaching 〜

1	だれが	する / です	だれ・なに	どこ	いつ	
	I	have been using	the tablet		since this morning	.

2	だれが	する / です	だれ・なに	どこ	いつ	
	I	have been practicing	the piano		for three hours	.

3	だれが	する / です	だれ・なに	どこ	いつ	
	Mr. Robinson	has been teaching		in Japan	since 1995	.

1 Hiro has been jogging around the park.　　**2** It has been raining for three days.

1 1 Miki has **just** arrived here.　2 Have you **ever** seen that movie?

3 I haven't finished my homework **yet**.　4 Emi has been to France **twice**.

5 It has been raining **since** this morning.

2 1

だれが	する / です	だれ・なに	どこ	いつ	
Tom	has lived		in Japan	for two years	

2

だれが	する / です	だれ・なに	どこ	いつ
Tom	has never eaten	natto		

3

だれが	する / です	だれ・なに	どこ	いつ
Tom	has been walking			for 30 minutes

4

はてな	だれが	する / です	だれ・なに	どこ	いつ	
How long have	you	known	Tom			

3 1 Tom has played the piano since 2010.

2 Has Tom visited [been to] Kyoto before?

3 We have been waiting for Tom here.

4 Tom and I have been friends for three years.

4 ① I have watched the movie.

② He [John] has just gotten up.

③ How long have you played tennis?

1 ① fun　② difficult　③ bored　　2 ア　　3 博物館で夜を過ごすこと

4 Children **who stay overnight at museum** like it very much.

5 (1) ○　(2) ✕　(3) ✕

レポートの意味

　アメリカでは、多くの子どもたちが家族とまたは学校の課外授業で博物館に行きます。博物館でたくさんのことを学ぶことが
きますが、子どもたちにとって博物館への訪問はいつも楽しいわけではありません。博物館は混雑していることがよくあります。
示物を見るのに十分な時間をとるのが難しいこともあります。また、若い来館者のための活動があまりない博物館もあります。そ
により子どもたちは博物館で退屈になってしまいます。今では、若い来館者を増やすための新しいもよおしを行う博物館があり
す。子どもたちが夜を過ごせるようにするのです。

このもよおしは人気が高まってきています。子どもたちはいつもと違った経験をすることができます。夜に博物館を歩き回るのはとても刺激的です。来館者は多すぎません！ 夜は展示物が違って見えます！ 博物館で夜を過ごす子どもたちは、このもよおしがとても好きです。

質問・選択肢の意味

5 (1)「アメリカでは多くの子どもたちが博物館を訪れる。」 (2)「博物館は混雑しているから行かないほうがよい。」 (3)「博物館に宿泊することは子どもたちにとって退屈だ。」

ひとこと 2 〈let ＋人＋動詞の原形〉で「人に～することを許可する」という意味。

4 主格の関係代名詞 who を使った名詞のカタマリをつくります。(→ 意味順 36)

名詞のカタマリ ④ 不定詞・分詞の後置修飾 .... 125 ページ

1 The girls singing on the stage | are my classmates. ステージで歌っている女の子たち

2 Look at | the broken window |. その割られた窓 (割れた窓)

3 I want | something to eat |. 何か食べるもの

1 the sleeping baby 2 some books to read this weekend

3 a car made in the U.K.

1 His father drives a car made in the U.K.

2 Please lend me some books to read this weekend.

意味順 36 「○○が～する□□」① 〈関係代名詞：主格〉 .... 127 ページ

1 a teacher who came to Japan

2 artists who are from South Korea

3 the school building which was built

だれが	する / です	だれ・なに	
I	have	a friend who knows computers well	.

だれが	する / です	だれ・なに	
Chris	is	a teacher who came to Japan ten years ago	.

だれが	する / です	だれ・なに	
The school building which was built in 2018	is	very nice	.

1 This is a robot that can clean rooms.

2 My sister works for a company which makes medicine.

1 |　**1**　the player **that** my sister **loves**　　**2**　the watch **which** my uncle **gave** me

　　3　an actress **that** everyone **knows**

2 |　**1**

だれが	する / です	だれ・なに	
That	is	the soccer player that my sister loves	•

　　2

だれが	する / です	だれ・なに	
This	is	the watch which [that] my uncle gave me last month	

　　3

だれが	する / です	だれ・なに	
Kitagawa Keiko	is	the actress that everyone knows	•

3 |　**1**　This is the actor that my mother likes.

　　2　This is the movie which I saw last month.

　　3　Can you show me the smartphone which you bought last week?

ひとこと ▶ 1 | 3 everyone は単数扱いなので主語になるとき、動詞には三単現の s がつきます。

1 |　**1**　the bicycle / my sister used　　**2**　the pictures / you took last year

　　3　the game / I watched last night

2 |　**1**

だれが	する / です	だれ・なに	
This	is	the postcard I received last week	•

　　2

だれが	する / です	だれ・なに	
This	is	the bicycle my sister used	

　　3

だれが	する / です	だれ・なに	
I	found	the pictures you took last year	•

3 |　**1**　The pictures you took yesterday are beautiful.

　　2　The game I watched last night was interesting.

　　3　This is the picture I drew when I was an elementary school student.

1 If I knew her address,　　**2** If I were an American,　　**3** I wish I had 〜.

1

つなぐ	だれが	する / です	だれ・なに	どこ	いつ	
If	you	arrived			earlier	,
---	we	could get	that train			.

2

つなぐ	だれが	する / です	だれ・なに		どこ	いつ	
If	I	knew	Satomi's address				,
---	I	would send	her	a New Year's greeting			.

3

つなぐ	だれが	する / です	だれ・なに		どこ	いつ	
If	I	were	an American				,
---	I	could speak	English	well			.

1 I wish I were a dog.

2 I wish I had a smartphone.

とこと ▶ 2| **2** New Year's greeting「年賀状」

名詞のカタマリ ⑤　**関係代名詞の後置修飾** ·········· 135 ページ

1 Look at the pictures which my brother took .

　私の兄［弟］が撮った写真

2 Mr. Takahashi is the teacher who taught math to us last year .

　去年私たちに数学を教えてくれた先生

3 The woman we met last night was very tall.

　昨夜私たちが会った女の人

1 the boy who has long hair

2 the book that I read last year

3 the anime I watch every week

1 The anime (that) I watch every week is *Doraemon*.

2 Do you know the boy who has long hair?

1 | 1 △ 　 2 ○ 　 3 △ 　 4 △ 　 5 ○ 　 6 △ 　 7 ○

2 | 1 a food that everyone likes 　 2 the pen which he got from his brother

3 the man you saw at the convenience store

3 | 1 Tom is a boy who lives in Shizuoka.

2 The student who can run (the) fastest in our class is Tom.

3 Tom likes the new bag which [that] has many pockets.

4 | 1 例 A teacher is a person who teaches at a school.

2 例 A rabbit is a small animal which has long ears.

3 例 A sunflower is a tall plant which has large yellow flowers.

1 (1) ウ 　 (2) ア 　 (3) イ 　 (4) ウ

放送文と意味

(1) *Girl:* When is your birthday?

Boy: It's February 25th. How about yours?

Girl: It's March 7th.

Boy: Oh, really? My sister's birthday is also in March.

Girl: When is it?

Boy: It's the 18th.

Question: When is the boy's sister's birthday?

女の子：あなたの誕生日はいつ？　男の子：2 月 25 日だよ。きみは？　女の子：3 月 7 日だよ。　男の子：へえ、本当？ 僕

妹の誕生日も 3 月だよ。　女の子：いつなの？　男の子：18 日だよ。

質問：男の子の妹の誕生日はいつですか。

(2) Now, I will tell you about breakfast in this class. Most students choose rice for breakfast. Also, bread is a

popular as yogurt.

Question: Which graph shows the results for the class?

私のクラスの朝食について話します。ほとんどの生徒が朝食にごはんを選びます。また、パンはヨーグルトと同じくらい人気ナ

あります。

質問：どのグラフがこのクラスの結果を示していますか。

(3) You are at a movie theater and are going to buy a ticket. You want a student ticket and tell it to the ticke

clerk.

Question: What will the ticket clerk say to you?

あなたは映画館にいてチケットを買おうとしています。あなたは学生用のチケットが欲しいのでそれを販売員に伝えます。

質問：販売員はあなたになんと言うでしょうか。

You are taking a class. You can't hear the teacher because your classmates are talking in a big voice.

Question: What will you say to them?

あなたは授業を受けています。クラスメートが大きな声で話しているので、先生の声が聞こえません。

質問： あなたは彼らになんと言いますか。

ア「どんな種類の映画が好きですか。」　イ「学生証を見せてもらってもいいですか。」　ウ「今日はここにどうやって来たのですか。」エ「ここにはどのくらいよく来ますか。」

ア「もう一度言ってください。」　イ「すみません、聞こえません。」　ウ「静かにしてください。」　エ「教科書を持っていますか。」

▌ (1) エ　　(2) エ　　(3) イ　　(4) ア

とこと▶ (1) ten minutes ago「10分前」とあるので過去形の talked が正解。

　　　 (2) 「もしその知らせを知っていたらあなたに教えるのに。」仮定法過去の文。

　　　 (3) 「大野さんは絵を描くのが上手です。」be good at ～ing で「～するのが上手」。

　　　 (4) 「姉は体調が悪かったのにコンサートに行きました。」although は「～だけれども」という意味の接続詞。

▌ (1) ア　　(2) ウ　　(3) ウ　　(4) エ

父：宿題は終わったの？　娘：もうやっちゃったよ。なんで？

妹：最近忙しそうだね。休んだほうがいいんじゃないの？　兄：心配しないで。十分に寝てるよ。だいじょうぶだよ。

先生：この壁に触らないでください。　生徒：なぜですか。　先生：壊れています。修理されなくてはなりません。

息子：見て！ お父さんにアップルパイを焼いたよ。　母：とてもおいしそう！ きっとお父さんはとても気に入るよ。

▌ (1) イ　　　(2) （無料だった）レジ袋が 2020 年 7 月から有料になった。

(3) You have to buy them in the store if you need plastic bags.

(4) used　　(5) ウ　　(6) ウ　　(7) ア、エ

(8) 例 I think trash should be properly recycled. For example, I wash used plastic bottles and bring them to the supermarket. Also, I always try to reduce waste. I bring my chopsticks with me. I don't use wooden chopsticks.

「レジ袋を購入されますか。」初めてスーパーマーケットでたずねられた時、その質問の意味が理解できませんでした。今ではみな んがご存知のように、「買い物袋をお持ちですか」という意味です。日本ではレジ袋は無料でしたが、2020 年の 7 月に変わりま た。レジ袋が必要であれば店で買わなければなりません。このことで自分の買い物袋を使うことは一般的になってきています。私 いつも持ち歩いています。この動きはなぜ始まったのでしょうか。私たちの星が危険な状態にあるからです。

プラスチックごみが世界中で大きな問題になっています。そのごみは海へ入り、魚や海洋動物に食べられることがあります。魚や 羊動物はそれによって病気になったり死んだりします。プラスチック製の袋はいろいろに使えます。しかし、そのようなごみになり るのです。

プラスチック製の袋は便利ですが、私たちは環境問題のことも考えなければなりません。富山では、2008 年の 4 月に、店舗でレ 袋を無料でわたすことをやめました。今では客の 90% 以上が自分の買い物袋を使います。富山の人たちには自分の買い物袋を ち歩くことが自然なのです。私は富山の人たちのように行動を起こすことが大切だと思います。

自分の買い物袋を使うことが地球を救うための最初の一歩になるかもしれません。私たちは日常生活で地球のために何ができる しょうか。